눈부신 당신의 시간을 헤아리며

눈부신 당신의 시간을
헤아리며

김기화 수필집

책을 내며

연초, 어지럼증으로 시작된 병원 순례는 뇌동맥류에서 정점을 찍었다. 내 머릿속 사진을 처음 봤다. 뇌혈관은 춤추는 한 그루의 나무 같았다. 혈관이 갈라지는 길목에 있다는 동맥류는 작은 꽈리처럼 보였다. 그 작은 게 시한폭탄과 같다니 믿기지 않았다. 갑자기 아무렇지도 않았던 곳이 가장 취약한 곳으로 바뀌었다.

수술 후에도 조심스러운 일상이 이어졌다. 의사는 뛰어도 된다고 했지만, 행동반경이 바뀌었고 몸이 둔해지고 느려졌다. 어지럼증을 완화하기 위한 노력이었지만, 신경은 자꾸 머리로만 쏠렸다.

어느 날부터 그것을 '선물'이라 부르기 시작했다. 생일 즈음 찾아냈으니 생일선물이라는 그럴듯한 이름도 붙여줬다. 그런데 참 이상했다. 선물이라 말하고 보니 마음에 고요가 찾아오기 시작했다.

요즘은 종종대며 걷던 길을 땅에 무늬를 새기듯 천천히 걷는다. 자박자박, 이전보다 더 많은 것이 눈에 보이고 마음에

들어온다. 오솔길의 다 해진 야자 매트의 가는 줄기, 시멘트 틈에 뿌리를 내리고 꽃까지 피워낸 괭이밥, 이팝나무 꽃이 지고 열매가 떨어지던 시간, 당연한 것이 특별해지는 순간이었다.

그동안 느리게 썼던 것들을 그러모아 천천히 그려봤다. 일단, 나만의 고유한 이야기를 정성 들여 쓰다 보면 마음이 편안해진다. 대책 없어 보일 수도 있으나, 이건 노후를 잘 보내기 위한 나만의 방안이다.

첫 책 《그설미》를 낸 지 오 년, 잘못된 활자들을 이번 책으로 덮어보려 했으나 그도 자신하지 못하겠다. 하지만, 도중에 멈추지는 않았으니 반거들충이는 되지 않아 다행이다.

제자리걸음이 된다 해도 놓지 못할 이 일에 《눈부신 당신의 시간을 헤아리며》로 마침표가 아닌 쉼표를 찍는다.

2021년 가을에

김기화

차례

책을 내며 … 4

1. 걷다

'큰 봄의 달'을 기다리며 … 13

콩배나무 … 17

걷다 … 22

영봉(靈峰) 가는 길 … 27

위성류 아래에서 … 33

능소화 … 38

버섯 … 43

버스 안에서 2 … 48

네 잎 토끼풀 … 53

오죽헌의 팔월 한 낮 … 57

며느리 밥풀꽃 … 63

봄 … 67

2. 엄마의 땅

씨앗을 헤아리다 … 75
냉이 … 80
김치 … 84
엄마의 땅 … 89
누가 주인일까 … 97
호박을 타다 … 103
담 … 108
콩 … 113
푸른 기와집 감나무 … 119
다슬기국 2 … 123
감나무 … 128
보리 … 134
칠곡가시나들 … 140

3. 폐사지에 머문 가을

덕수궁길 61 … 147
발굴과 복원 … 152
폐사지에 머문 가을 … 156
십이령길 … 161
꽃 피는 통증 … 167
안녕, 백송 … 171
개비자나무 … 175
무궁화꽃이 피었습니다 … 179
호현마을 동동길 … 184
단풍잎 접시 … 188
이야기를 먹다 … 192
달 밝은 달엔 박달 … 197
섬에 들다 … 202

4. 사라지다

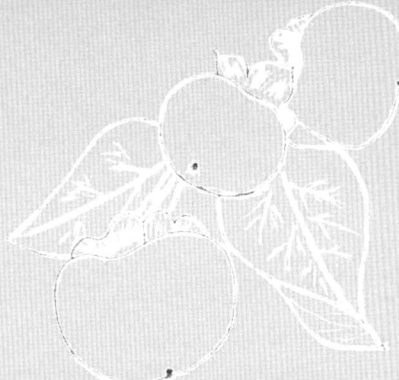

와룡산 한 그릇 … 209
그녀의 만찬(晚餐) … 213
새롭다, 새(鳥) … 219
네마탄서스 … 224
사라지다 … 228
먹다 … 223
미루나무 … 238
항아리 … 244
버즘나무 … 250
세 할머니 … 255
미국자리공 … 260
모나크나비 … 264

1.
걷다

짐을 풀고 정리를 마치기도 전에 아들은 자전거를 끌고 나가 자기가 다니던 초등학교와 하천을 달렸다. 아이는 초등학생에서 중학생으로 훌쩍 큰 자신을 잊은 듯 어린나무였던 회화나무의 높아진 우듬지와 굵어진 둥치를 신이 나서 알렸고 맑아진 하천을 신기해했다.

'큰 봄의 달'을 기다리며
콩배나무
걷다
영봉(靈峰) 가는 길
위성류 아래에서
능소화
버섯
버스 안에서 2
네 잎 토끼풀
오죽헌의 팔월 한 낮
며느리 밥풀꽃
봄

'큰 봄의 달'을 기다리며

새소리가 들려오기 시작하면 집 앞의 숲을 가만히 살피게 된다. 새들이 팽팽하게 당긴 고무줄을 튕기듯 숲과 아파트를 넘나들면 나무가 화답하듯 봄빛으로 기지개를 켠다. 작은 숲의 생강나무에 노란빛이 어룽거리면 귀룽나무는 나목들 앞으로 연둣빛 돋을새김에 바쁘다. 쉼표를 찍듯 흩어져 자라는 진달래가 여기저기 분홍 스위치를 만들기 시작하면 시선은 부엌 쪽 창으로 향한다. 반대편 쪽은 같은 계절, 다른 모습이다.

 눈으로 보는 그곳의 봄은 가장 먼저 노란 띠를 두른 개나리로부터 시작된다. 벚꽃 봉오리는 수줍은 분홍빛으로 만개를 준비하고 간간이 서 있는 물가 버드나무 연둣빛이 동천변 산책로를 숨기기 시작한다. 어우러진 물빛과 꽃빛이 와룡산으로 올라가면 시나브로 벚꽃이 하나둘 피기 시작한다.

 몇 년 사이, 봄을 느끼는 대상이 달라졌다. 한동안은 일찍 피는 풀꽃을 보며 봄이 오고 있음을 느꼈다. 몇 년은 산속 언 땅을 뚫고 나오는 꽃을 보고 봄을 반겼다. 이제야 귀가 열린 걸까. 언제부터인가 여명을 알리는 새들의 지저귐이 봄을 깨우는 자명종이 되었다.

 봄이 무르익으면 여기저기서 봄 축제가 열린다. 축제의 주인공은 하나다. 지역 이름만 다를 뿐, 전국에서 벚꽃축제가 열리는 것 같다. 날짜는 조금씩 다르지만 해마다 집 앞 충훈부에서도 며칠 동안 벚꽃축제가 열렸다. 어느 해는 개화가 늦어 벚꽃축제라기보다는 노란 개나리 축제 같을 때도 있었다. 몇 해 전에는 꽃은 만개했으나 축제 시기에 맞춰 내린 비로 인해 잔치의 빛이 바래기도 했다. 하천 둑을 노랗게 수놓던 개나리도 해마다 그 색이 달랐다. 노란 띠를 잇지 못하고 드문드문 피기도 하고 노란색으로 제방을 뒤덮어 벚꽃의 세를 눌러버리기도 했다.

근래 와서는 꽃놀이를 시샘하듯 미세먼지의 심통이 이어지고 있다. 그래도 꽃은 핀다. 미세먼지가 심한 날에는 집안에서 봄을 완상한다. 숨은 그림 찾듯 산수유와 개나리, 벚꽃을 보고 듬성듬성 핀 진달래도 찾아본다. 연두에서 녹색으로 가는 귀룽나무 이파리에 설레 유리창에 얼굴을 구겨 박기도 하고 자작나무 아래 진달래를 보겠다고 고개를 비트는 일도 예사다.

와룡산 근처에서 수년을 살았어도 진달래꽃을 가까이서 본 건 한 해 전이다. 산을 수없이 올라갔어도 늘 꽃피는 때를 비껴갔으니 못 봤을 것이다. 그해 와룡산 진달래는 먼 길 달려가 봤던 고려산 진달래보다 빛이 더 고와 설레는 마음으로 내 집처럼 드나들고 지인과 함께 걷기도 했다.

봄은 아이들에게서 온다는 말이 있다. 아이들 노는 소리나 새 소리가 봄을 알리기도 하지만, 그래도 진달래와 벚꽃이 피어야 봄다운 봄이 온 느낌이 든다. 그런데 진달래와 달리 벚꽃은 핀 것과 동시에 봄이 간다는 생각부터 하게 된다.

작년에는 봄을 붙잡아 두고 싶었는지 벚꽃이 축제 기간을 비껴 피었다. 꽃이 덜 핀 벚꽃축제에 밤이 저물던 날 나가보니 어둠을 밝히는 불꽃놀이의 주인공은 꽃이 아니라 사람들이었다. 누가 주인인들 어떠랴 싶지만, 개화 시기를 맞추지 못한 벚꽃축제는 왠지 공갈빵 같은 느낌이 들었다.

언제 필까 싶었던 꽃들은 잔치가 끝난 이틀 뒤 팝콘처럼 한꺼번에 꽃망울을 터트렸다. 비가 그친 저녁 어스름, 활짝 핀 꽃길을 걸었다. 조명등은 큐피드의 화살이 되어 꽃 빛을 붉고 푸르고 노랗게 물들였다. 이른 개화로 낙화한 꽃잎은 빗물에 젖어 처연했다. 꽃잎이 하늘하늘 떨어지는 사이로 벌써 봄의 등을 떠미는 푸른 새잎까지도 보였다. 인디언이 말하는 '잎사귀가 인사하는 달' '큰 봄의 달'인 4월이 거인처럼, 벚나무 터널로 성큼성큼 걸어가고 있었다.

(2018)

콩배나무

 이사를 했다. 꽤 오래 살았던 익숙한 환경을 떠나는 일이 그리 쉽지만은 않았다. 하지만, 예열하는 데 걸린 시간과 달리 이사는 순간이동처럼 이루어졌다. 그런데 새로운 도시, 낯선 동네에서의 생활이 전혀 불편하지 않았다.
 그 편안함의 근원은 꽃과 나무였다. 집 앞과 가까운 공원, 동산, 어디를 가든 반가운 것들이 있었다. 공동 주택에 살며 말 한마디 나눌 이웃을 만나기 어려운데도 전혀

불편하거나 낯설지 않았던 이유는 바로 나무와 숲과 새들 덕분이었다.

 그해 가장 추웠던 날, 살던 곳에서 멀리 떨어진 이곳으로 집을 구하러 왔다. 겹겹이 껴입은 옷으로도 모자라 목도리와 마스크, 모자로 중무장하고 주머니 난로까지 챙겼어도 바람살이 몸으로 파고들었다. 밖에 서 있는 잠깐에도 손은 얼고 발은 시렸다. 겨울의 아파트는 삭막했다. 나무는 앙상한 가지만 남았고 더러 있는 소나무가 칼바람 속에서도 푸름을 뽐낼 뿐이었다. 나무들은 그 나무가 그 나무 같았다. 모든 나무를 관목과 교목으로 나눌 수 있었던 겨울이었다.
 우여곡절 끝에 이사하고 나자 어느새 봄이 되었고 앙상했던 나무들은 자신을 드러내는 푸른 이름표를 달았다. 며칠 사이 비비추가 무성하게 자랐고 둥굴레는 옆구리마다 주렁주렁 꽃을 매달았다. 쪽문으로 향하는 오솔길에는 뜰보리수의 새로 자란 줄기가 하늘을 찌를 듯했다. 주기적인 전지로 애드벌룬 모양을 한 앵두나무는 꽃이 졌나 싶었는데 금방 성냥개비만 한 열매를 맺었다.

　이사한 첫날 걸었던 오솔길 풍경은 박제된 새처럼 선명하게 남아있다. 지금도 외출하거나 쓰레기를 버리러 나갈 땐 빠른 길보다 구불구불 돌아가는 오솔길을 걷곤 한다. 집을 나선 몸은 자연스럽게 늘 그쪽으로 향한다. 봄에는 산수유부터 시작해 조팝과 벚꽃에 꽃사과며 돌배꽃, 뜰보리수에 만첩빈도리까지 꽃들이 연달아 피어났다.

　처음 왔을 때, 중개인은 아파트를 벗어나면 느티나무와 산사, 단풍나무가 어울린 샛길이 있다고 했다. 샛길은 작은 근린공원을 지나 몇 개의 낮은 산으로 연결되어 있다는 말이 내 귀에 쏙 들어왔다. 그 길을 걷고 싶어 몸이 근질거렸다. 짐 정리를 마친 후 운동화를 꺼내 신고 근린공원으로 향했다.

　아파트 쪽문을 빠져나와 샛길로 들어서니 도로 건너 공원으로 연결되는 구름다리가 보였다. 작은 공원을 끼고 있는 그곳은 직박구리의 세상으로 지역의 터줏대감이라 해도 이상할 것 없을 만큼 녀석들의 세가 컸다. 직박구리들은 주변에 있는 꽃사과 나무를 징검다리 삼아 자작나무

가지를 모임 장소로 활용하고 참새와 박새는 포롱거리며 산수유나무에만 점을 찍었다. 새들은 사람이 지나가거나 말거나 초등학교 담으로 넘어오는 아이들 소리에 맞서 재잘재잘하니 내 입꼬리도 저절로 올라갔다.

구봉산 쪽으로 방향을 틀어봤다. 101m의 낮은 산이지만 산책로가 거미줄처럼 얽혀있어 제법 운동이 된다고 들은 곳이다. 동산에 내려앉은 봄은 수시로 산을 오르게 했다. 그해 시시각각 변하는 봄의 모습을 오롯이 지켜보았다. 꽃은 꽃대로 잎은 잎대로 바빴다. 좌우로 상하로 얽힌 오솔길의 변화가 궁금한 나는 강아지를 앞세우거나 뒤따라오게 하며 여기저기 기웃거렸다.

자주 가다 보니 오솔길마다 이름을 붙일 정도가 되었다. 약간의 숨 고르기가 필요한 황매화의 길, 들숨도 날숨도 편안한 까마귀밥나무길, 길도 이름처럼 아기 같은 애기나리길, 별 같은 꽃에 반한 토종목련의 길 식이다. 꽃대와 함께 새잎이 나와 궁금했던 나무는 모르는 나무 길이라 해 놓고 살펴봤는데 꽃송이가 터지기 시작할 때 찾아보니 접골목이라고도 불린다는 딱총나무였다.

어느 날, 흰색이 몽글몽글 올라오는 노린재나무를 보느라 멈췄는데 그 곁에 서너 그루의 콩배나무가 보였다. 내게 콩배나무는 그 어떤 나무보다 유별한 추억이 있는 나무다. 어릴 때 우리 집은 산에서 제법 떨어진 벌말에 있었다. 열 살 무렵, 도토리 줍는 할머니 따라 산에 갔는데 먹음직스럽게 잘 익은 콩배 열매를 봤다. 그걸 따 먹으려고 다가간 순간, 나무 아래에서 팝콘 터지듯 벌떼가 쏟아져 나왔다. 자기 집을 부순 빨간 옷을 입은 침입자에게 벌떼들은 사정없이 달려들었고 나는 그것들을 몰고 집으로 달음질쳤다. 달리는 동안에도 벌들은 머리와 옷 속으로까지 파고들어 내 몸을 벌집으로 만들었다. 엄마는 벌말의 밭에서 일하던 어른들의 응급처치가 아니었으면 지금의 내가 없었을지도 모른다고 했다.

가을이 오기를 기다려 잘 익은 콩배 열매 하나를 따서 맛을 봤다. 어릴 때 먹었던 맛이 아니었다. 그래도 검게 변한 콩배 열매 몇 개를 따서 주머니에 넣어왔다. 잎이 시들고 열매의 물기가 사라지는 걸 보고 있으면 벌에 쏘여 고생했던 열 살의 내가 보인다.

(2020)

걷다

집 근처 인곡천을 수시로 걷는다. 인곡천과 합류하는 반정천이며 더 아래로 내려가 만나는 황구지천까지 물길이 훤하다. 오늘은 수원 도란길에 속하는 원천리천을 걸어볼 생각이다. 이 물도 황구지천에 이른다. 다른 날과 달리 오늘은 흐르는 물을 거슬러 상류로 올라갈 참이다. 반대로 걸으니 그동안 함께했던 하천의 이름이며 풍경들이 떠오른다.

예전에 한동안 살았던 집은 일 층이었다. 창밖으로 보이는 것이라곤 낮은 회양목 울타리 너머 하늘을 찌를 듯이 자란 중국 단풍나무뿐이었다. 겨울이 되면 앙상한 나목들 사이로 건너편 아파트가 올려다보였다. 아니 우리를 내려다보고 있었다. 손바닥만 한 하늘을 보려면 쪽문을 열고 나가 고개를 바짝 들어올려야 했다. 답답했지만 견딜 만했던 건 손바닥만 한 화단 덕분이었다. 또 한 블록만 걸어가면 만나는 학의천이 있어 엉킨 마음을 풀 수도 있었다.

그다음 집은 11층이니 뜀박질을 해도 너무 많이 했다. 처음 며칠은 공중에 붕 뜬 느낌이더니 조금 지나자 마치 오래전부터 살았던 것처럼 자연스러워졌다. 어느새, 예전 살던 집 앞에 심고 가꾸었던 덩굴장미의 아쉬움도 잊었다. 한 뼘 잔디밭에 심고 완상하던 여러 종류의 꽃 대신 앞산의 층층나무며 찔레, 아까시나무의 변화에 더 민감해지기 시작했다.

반대편 부엌 쪽으로 난 창문을 통해 보이는 안양천의 모습은 언제나 옳았다. 오른편으로 구부러지며 펼쳐진 물길이 늘 한결같아 좋았다. 상류에서 하류로 흐르며 제자리를 벗어나지 않는 물을 보고 있으면 마음이 편안해졌다. 사는 동안 몇 번이나 폭우가 쏟아졌지만 매번 둔치를 잠기게는 해도 제방 너머 마을까지 덮치는 일 없이 조용히 지나갔다.

풍수지리에서 택지를 정할 때 산을 등지고 물을 내려다보는 것을 가장 이상적인 위치로 친다. 이사할 때마다 하천과 가까운 곳에서 살아왔지만, 배산임수와는 거리가 먼 위치였다. 임수는 맞되 배산은 아니었다. 하지만 지나고 보면 내가 살았던 곳이 언제나 명당이었다. 아이들의 성장기마다 함께 했던 하천의 모습은 기억하는 방법도 추억도 저마다 다른데, 그때의 경험들은 사진처럼 기억이라는 앨범에 빛바램도 없이 잘 간직되어 있다.

90년대 중반 대구에서 이년 간 살았다. 칠곡 팔거천 근처였다. 팔거천은 오계산 기슭에서 발원하여 금호천으로 들어가는 샛강이다. 팔거천은 한창 자라는 아들의 놀이터가 되었다. 누군가가 제방과 둔치에 심어놓은 목화와 땅콩은 딸의 여름방학 숙제에 도움을 주었다. 아들은 봄이면 개구리나 도롱뇽알을 찾는다고 팔거천의 지천 따라 계곡까지 뛰어다녔고 비가 내린 후에는 큰물 구경에 청개구리처럼 팔짝거리고 다녔다. 초등학교 2학년, 무엇이 그리 재미있는지 별이 환한 밤이 되어도 들어오지 않아 찾으러 다닌 일도 부지기수였다.

팔거천을 끼고 살다시피 하던 녀석은 이 년 동안 훌쩍 자라 김해로 이사했다. 우연인지 이번에도 김해 시가지를 지나는 해반천 옆 마을에 살게 되었다. 삼계동에서 시작된 하천은 양쪽으로 김해의 신시가지와 구시가지를 껴안고 흘러서 조만강이란 곳에 이르렀다. 아이는 자전거를 타고 구지봉에서 봉황대까지 해반천을 오르내리며 박물관으로 도서관으로 경운산과 분성산 자락을 두 바퀴로 달리며 초등학교를 마쳤다.

그리고 다시 남매가 태어난 안양으로 돌아왔다. 짐을 풀고 정리를 마치기도 전에 아들은 자전거를 끌고 나가 예전에 다녔던 초등학교와 하천을 달렸다. 아이는 초등학생에서 중학생으로 훌쩍 큰 자신을 잊은 듯 어린나무였던 회화나무의 높아진 우듬지와 굵어진 둥치를 신이 나서 알렸고 맑아진 하천을 신기해했다.

그리고 이번엔 화성이다. 예전엔 농수로로 쓰였을 집 앞의 인곡천은 지금도 주말농장과 아직은 벼농사를 짓는 몇몇 논에 물을 댄다. 상류로 올라가면 도로 아래로 흐르던 물길이 가는 핏줄처럼 다시 나타난다. 이곳에서는 인곡천 중류에서 볼 수 없었던 낙우송이며 벚나무, 버드나무와 그에 깃든 온갖 새의 노랫소리를 들을 수 있다.

늘 걷는 길은 농업기술원을 지나 진안동 너른들까지다. 벌말에 서서 사방을 둘러본다. 우뚝 솟은 화성의 랜드마크라 불리는 메타폴리스가 지척인 듯 가깝다. 하천 둔치와 논틀길에 광대나물과 별꽃, 봄까치가 꽃을 피우기 시작했으니 조만간 이 벌판도 푸르게 변할 것이다.

오늘 걸을 원천리천은 또 어떤 풍경으로 기억될까. 황구지천에 이르는 합류 지점까지는 산책로 정비가 안 되어 있다고 하니 잠시 버스로 이동해야 한다. 아무래도 오늘은 산책이 아닌 여행이 될 모양이다. 그래도 설렌다.

(2021)

영봉靈峰가는 길

네 시 이십팔 분이다. 그 시간까지 건밤으로 설친 덕분에 종이 울리기 이 분 전에 알람을 미리 꺼둔다. 그래도 용케 알고 부스럭대는 그의 몸이 여명을 받아 바람에 팔랑대는 종잇장처럼 보인다. 세면대와 화장실 사이 텐트 안에서 계곡의 물소리에 둥둥 떠 있던 나와 달리 단잠을 잔 눈치다.

"언제 여길 또 와보겠어요. 올라갔다 오세요." 지난 유월, 월악산 야영장에 왔을 때 함께 온 지인 부부가 덕주사 마애불이 가까우니 다녀오라며 했던 말이다. 그런데 우연히 달포 만에 월악산을 다시 찾았다. 매주 캠핑을 떠나는 그들 덕분이다.

처음 왔을 때는 덕주사에서 마애불까지 가볍게 다녀왔다. 말이 가볍게였지 왕복 3.2km의 거리는 그리 만만하지 않았다. 그런데도 마애불을 보고 내려오는 길에 자꾸만 영봉 쪽으로 향하는 숲길을 바라보았던 아쉬움이 오늘을 만들었는지도 모른다. 그래서 가벼운 아침 산책이 산행으로, 목적지는 밤새 북바위산에서 월악산 영봉 쪽으로 바뀌었다.

도둑 걸음으로 살그머니 텐트촌을 빠져나와 차로 향하는데 사위(四圍)가 고요하다. 한 번도 가보지 못한 길. 미답의 길은 겁보다는 기대를, 걱정보다는 설렘을 품게 한다. 차로 계곡 옆길을 미끄럼 타듯 두어 번 오르내린 끝에 영봉 탐방로 입구를 찾아냈다. 동녘이 서서히 밝아오기 시작했으나 숲은 아직 한밤이다. 계곡 물소리만이 땅을 울린다. 칡넝쿨 우거진 입산 게이트를 통과해 산신당을 지나니 완만하던 산길이 조금씩 경사가 심해지기 시작한다.

월악산은 신라 마지막 경순왕의 큰딸인 덕주공주와 마의태자에 얽힌 전설을 품고 있다. 공주가 마의태자와 함께 금강산으로 향하다가 송계에서 머물게 되었을 때 꿈에 관세음보살이 나타났다. 공주와 태자는 관세음보살이 일러준 자리에 마애불을 만들고 절을 세운다. 8년 후 태자는 금강산을 향해 길을 떠나지만, 공주는 이곳에서 계속 머물게 되었다고 전해지는 곳이 덕주사다. 덕주사가 있는 골짜기는 덕주골이고 산성도 덕주산성이다. 왕건이 공주를 절에 감금하고 성을 쌓아 군사에게 지키게 했다는 이야기도 전하지만, 나라 잃은 공주와 태자의 슬픈 이야기가 이곳에만 있는 건 아니다. 그래서 전설이라고 할 것이다.

여러 생각을 밧줄 삼아 덕주골을 만나는 송계삼거리로 오르는 길은 생각보다 힘들다. 우리보다 앞섰던 건장한 두 남자도 가던 길을 멈추고 자주 숨을 고른다. 그들과 앞서거니 뒤서거니 송계삼거리를 향해 걷는다. 끝없는 오르막은 잡념으로 얽힌 등짐을 가벼이 만드는 요술을 부린다. 계단길이 끝나고 건너편 산봉우리가 보이는 능선에 올라섰을 때는 풍선처럼 몸이 가벼워진다. 힘든 길 올라왔다는 보상은 등골나물과 병조희풀, 짚신나물꽃들로 위로를 받았다.

하지만, 아직 경계를 늦추지 말라는 듯 살모사가 길을 가로막는다. 뱀을 피하고 나니 이번에는 숲의 속살이 다 드러나 있다. 소나무에 남겨놓은 멧돼지의 흙 목욕 흔적은 능선 따라 계속 이어졌다.

그런데 멧돼지를 만나면 어떻게 하라구? 도망가야지. 아니야. 눈을 똑바로 마주 보거나 겁을 주려고 하지도 말고 등도 보이지 말라던데. 천천히 높은 곳이나 큰 바위 뒤에 숨으래. 산이 울리고 땅이 파인다고 조심하던 스틱을 대놓고 툭툭 치며 지나간다.

송계삼거리. 초소가 보이는 능선에 오르니 언제 떴는지 해가 중천에 있다. 여기서부터는 안심하고 즐기라는 듯 노란 짚신나물과 동자꽃, 자주조희풀, 속단, 등골나물 꽃이 오솔길을 수놓고 있다. 월악의 등을 타고 오르느라 느끼지 못했던 바람까지 맘껏 쐬며 가벼이 걷는다. 영봉 쪽에서 불어온 바람이 가슴을 통해 등으로 나간다.

두 시간 넘게 숲길만 걸어오다 드디어 거대한 바위산을 만난다. 영봉이다. 둘레가 십 리 가까이 되는 거대한 바위로 높이만도 150m나 된다. 정상을 영봉이라 부르는 산은 백두와 월악 뿐이다. 영봉에 올라 우뚝 선 근육질의 소나무를 병풍 삼아 첩첩산중에 걸린 안개를 보고 있을 땐 마치 쥘부채라도 쥐고 있는 것 같다.

하지만, 모든 일은 순간에 일어나고 마음은 그 순간에 한편으로 기울고 만다. 지그재그로 난 철 계단을 오르다가 어느새 한참 앞선 그의 뒤로 파란 하늘뿐인 걸 본 순간, 몸과 마음이 동장군처럼 얼어붙었다. 그래도 앉은걸음으로 조심조심 올라가 드디어 안개와 구름을 껴안았다가 풀어내는 이른 아침의 영봉을 만났다.

백두대간의 중심에 있어 모든 사람을 품은 어머니의 산이라는 월악산 영봉. 모기를 쫓으며 급경사에 숨이 턱에 닿고 뱀을 만나 놀라고 멧돼지의 흔적에 가슴 졸이면서까지 올라올 만한 곳이었다. 우리는 지난밤 이곳을 택했던 결정이 옳았다며 아무도 없는 이른 아침 영봉(1,097m)의 품에 한참을 안겨 있었다.

(2017)

위성류 아래에서

"잘해야 앞으로 열 번?"

이 년에 한 번씩 만나는 모임에서 한 친구가 말했다. 앞으로도 이 년을 주기로 만난다면 이렇게 전부 모이는 것은 잘해야 열 번일 것이다. 그러니 이제 일 년에 한 번씩 모이자는 말이다. 올해 못 만나면 다음을 기약하면 되고 그도 안 되면 그다음엔 볼 수 있을 것이라는 막연한 마음이던 우리는 그 친구의 계산법에 저마다 손가락을 꼽아보며 수긍의 고갯짓을 했다.

    보고 싶으면 봐야 하고 기회가 닿으면 만나는 게 맞다. 다산 선생은 "무릇 유람하려는 뜻이 있는 사람은 마음먹었을 때 용감하게 가야 하는 것이다. 날짜를 잡아가기로 마음먹으면 우환과 질병이 그르치게 되고 더구나 구름과 비가 달을 가리지 않는다고 보장할 수 있겠는가."라고 <유몰염정기(遊勿染亭記)>에서 말했다고 한다. 유람과는 다르나 먼 데 벗을 만나는 일도 마음먹었을 때 움직이는 게 맞다.

    다른 도시에 볼일이 있던 하루 전날, 그곳에 사는 친구에게 만날 수 있는지 문자를 보냈다. 얼마 전 팔을 다쳐서 깁스를 하고 있어서 크게 기대하지는 않았다. 그런데 친구는 얼굴이라도 보고 가라며 답을 보내왔다.

    그날은 사흘 내리 쏟아지던 장대비가 만날 시각을 앞두고 는개로 바뀌었다. 간단한 점심을 먹고 나왔을 때는 우산이 필요 없을 정도로 개어 있었다. 바람도 좋았다. 우리는 가까운 공원으로 향했다. 몇 년 전 둘이서 뙤약볕 아래 산책로를 걸었던 곳이다.

해당화가 빗물 젖은 말간 얼굴로 우리를 맞았다. 쓸려 나가는 바닷물도 신기했고 구멍에서 망을 보듯 두 눈만 내놓고 있는 게들도 반가웠다. 도로 하나를 건너 만난 풍경에 우린 무릉도원에라도 들어온 것처럼 들떴다. 몇 해 전 본 순비기나무의 새싹이 궁금해 그쪽으로 방향을 틀다가 연분홍 꽃으로 단장한 나무를 만났다.

　나무 아래 빨간색의 해당화와 조화를 이루고 있는 고목이다. 내 기억으로는 지난가을 왔을 때도 똑같은 나무에 저런 꽃이 피었던 것 같다. 지나가며 나무의 이름을 궁금해했는데 꽃까지 피어있으니 발길이 자연 그쪽으로 향한다. 친구는 나무에 꽃이 피는 게 그렇게 신기할 수 없다고 했다. 더구나 고목 같은 나무에 꽃이 피니 더욱 경이롭다는 표정이다.

　잎은 향나무와 비슷해 보이기도 하고 활짝 핀 꽃은 색이 바랜 꼬리 조팝꽃을 매달아 놓은 것처럼 보이기도 한다. 조금 떨어져서 보면 호랑 버드나무 꽃에 분홍색 물감을 쏟아놓은 것 같다. 언뜻 보면 분홍색 털을 뒤집어쓴 벌레처럼도 보인다.

나무 아래 이름이 적혀있다. 2008년, 이곳에 습지 공원을 조성하며 기증받아 심은 위성류(渭城柳)라는 나무다. 진시황이 수도로 삼았던 곳이 위성인데 그곳에서 많이 자라는 나무로 버드나무를 닮아 위성류라는 이름이 붙었다고 한다. 그래서 중국 당나라 때 시인 왕유가 친구와 이별하면서 지은 시에 나오는 버드나무도 같은 것으로 본다.

위성에 아침 비 내려 먼지를 씻어내니
객사의 버들잎은 더욱 푸러지네
그대에게 술 한 잔 권해 올리니
양관(陽關)을 떠나 서역으로 가면 옛 친구는 아무도 없어지네

사람들은 당시 시인들이 나무에 대해 잘 몰랐을 것이라서 이 나무를 버드나무라 부르며 시를 지었을 것이라고 추측한다. 위성류는 독특한 모습처럼 염분농도가 높은 곳에서도 잘 자란다고 한다. 또 한 해에 두 번이나 꽃을 피운다는데 그래서일까. 나무 둥치가 고목처럼 보이는 건 꽃을 두 번 피우기 위해 애쓰느라 얻은 훈장 같다.

자세히 살펴보니 위성류는 버드나무와 잎이 다르게 생겼다. 외려 향나무와 닮아있다. 배배 꼬아 자라는 둥치며 가느다란 줄기를 보고 있으니 나무에 어떤 사연이라도 있는 것처럼 보인다. 지금은 오월, 묵은 가지에서 피는 꽃은 결실을 보지 못한다고 한다. 가을에 새로 자란 가지의 꽃에서 맺은 열매는 어떤 모양일지 궁금하다.

이 나무의 이름을 알게 된 것은 친구와 뜻밖의 만남 덕분이다. 왕유는 친구와의 이별을 아쉬워하며 위성에 많았던 이 나무가 푸른 것을 노래했다. 그날 우리는 띠풀이 파도처럼 출렁이는 습지를 돌고 위성류 그늘로 다시 돌아왔다. 그리고 내년에 꼭 띠풀이 피기 전에 와서 맛을 보며 어린 시절을 추억하기로 약속하고 헤어졌다. 버드나무 이름표를 단, 버드나무 같지 않은 버드나무 아래서 우리의 짧고 아쉬운 한나절은 그렇게 내년을 기약하며 긴 여운을 남기고 지나갔다.

(2018)

능소화

　칠팔월의 더위를 표현하기 위해 '너무 덥다'는 말보다 더 극적인 단어가 필요한 요즈음이다. 방송에서는 연일 더위의 끝을 알 수 없다는 예보를 내보내고 있다. 절기상으로 입추와 말복만을 고대하며 견뎠던 이전 더위는 먼 옛날이야기 같다. 아슬아슬한 줄타기처럼 피해 가는 비 소식에 사람도 식물도 지쳐간다.
　집 앞 화단을 녹색 바다로 만들었던 비비추의 보라색

꽃대를 보고자 했던 기대는 이미 포기했다. 활짝 피어보기도 전에 시들어 말라버렸기 때문이다. 겹꽃 삼잎국화도 만개 후 며칠을 버티지 못하고 그 큰 키를 접어버렸다. 하지만 더위에도 화려하고 생기를 놓치지 않는 꽃이 있으니 바로 능소화다.

올해 처음으로 꽃을 피운 능소화를 봤다. 주택의 벽을 타고 올라간 능소화는 잎보다 꽃이 더 많아 화려했고 붉었으며 고왔다. 꽃은 이 층 베란다 난간을 덮고 옥상으로 뻗어가며 한 폭의 그림을 그리고 있었다. 박완서 선생님의 소설 《오래된 농담》에 나오는 현금이네 집 같다는 생각이 들었다. 보이지는 않지만, 마당에는 떨어진 꽃송이도 제법 널려있을 것이다.

능소화는 흡착근을 가지고 있으니 어디든 붙어 자랄 곳만 있으면 타고 올라가 늘어지거나 터널을 이루거나 숲을 만들기도 한다. 옛날에야 양반만 심을 수 있었다지만 지금은 장소를 가리지 않으니 어디서나 자주 볼 수 있는 꽃이다. 그래도 한동안 입속에서 맴맴 도는 꽃 이름을 불러내느라 안간힘을 쓰곤 했다.

능소화는 송이째 떨어져서도 고운 빛이 남아있다. 동백이나 무궁화처럼 송이째 낙화하지만, 꽃을 보는 느낌은 사뭇 다르다. 전설 때문인지 어떤 비장함도 느껴지고 노을 같은 꽃 빛이 주는 아련함도 있다. 여러 가지 색깔로 피는 무궁화나 동백과 달리 오직 한 가지 빛깔인 점도 그렇다.

능소화는 기찻길 옆 담장이나 고속도로와 아파트 사이 방음벽에서도 자주 볼 수 있다. 고속도로를 달리는 차 안에서 높은 담을 뒤덮은 꽃을 볼 때면 박상천 시인의 <능소화>라는 시가 생각난다. 시인은 고속도로 저편 아파트 담장에 심은 능소화가 웅웅거리는 소리가 궁금하기도 하여 소음차단벽을 타고 이쪽 세상으로 넘어왔다고 했다. 그러니 뿌리 내린 세상과 꽃을 피운 세상이 다른, 참 특이한 꽃이라고. 여름의 능소화 줄기는 무성한 잎과 꽃송이로 뒤덮여 잘 보이지 않는다. 그래서 줄기는 비가 오면 생기는 연못처럼 잎과 꽃이 져야 드러난다.

잎도 꽃도 없는 계절의 능소화 줄기를 제대로 볼 기회가 있었다. 마이산 탐사에서다. 서른다섯 살이 넘었다는 능소화의 굵은 줄기는 수백 년 된 고목 같았고 명아주 지팡이 같았으며 배롱나무 둥치 같기도 했다. 나무줄기는 부챗살처럼 퍼져 올라가 바위와 한 몸처럼 붙어 자라고 있었다. 기둥도 아니고 휘감고 올라갈 것도 없는 바위에 뿌리를 내리는 일이 쉽지만은 않았을 것이다. 여러 그루 심은 것 중 하나이면서도 열악한 환경에서 뭇 능소화보다 키가 더 자라고 있다는 그 나무를 목이 아프게 바라보고 사진도 찍으며 긴 시간을 보냈다. 태풍이 와도 흔들리기는 하되 쓰러지지 않는다는 탑사 내의 탑들보다 암마이봉을 타고 오르는 능소화가 내 가슴에 흡착근 하나를 내렸던 날이다.

여름에 와서 꽃이 핀 것을 보라던 스님의 말씀이 물처럼 지나가고 있다. 지금쯤 활짝 피어 바위를 뒤덮었을 텐데. 능소화가 피기 시작하면 장마가 온다는데 꽃은 여기저기 흐드러지게 피었어도 비는 올 기미조차 없다.

능소화를 볼 때마다 함부로 범접하지 못할 화려함으로 무장했으나 연약하고 슬픈 꽃이라는 생각이 든다. 슬픈 건 전설 때문일 수도 있고, 연약하다는 건 무언가 기대 자랄 것이 필요해서 든 생각일 수도 있겠다. 꽃에 독성이 있다고 포장한 것이야 사람이겠으나 나는 화려함을 독성으로 감추는 것이 자기를 보호하는 한 방편이 되겠다고 생각한다. 하지만, 능소화는 연약하나 더위에도 지치지 않는 강인한 꽃이다.

오늘, 계획에 없던 셔츠를 하나 샀다. 빨강보다는 진분홍, 아니 능소화 꽃빛에 가까운 색이다. 자연스럽게 손이 가는 걸 본 친구가 뜻밖이란 표정으로 바라봤다. 하지만 옷을 입은 나를 보더니 의외로 잘 어울린다는 말을 했다. 그 말에 용기를 내서 얼른 샀다. 물론, 상상 초월의 가격 인하와 하나밖에 남지 않았다는 희소성이 결정 요소가 되기도 했다.

친구와 헤어져 집으로 돌아오는 길, 기찻길 옆 담장과 철길 주변을 뒤덮으며 활짝 핀 능소화를 봤다. 오랜만에 만난 벗들과 보낸 즐거운 시간 덕분일까, 모처럼 구름 끼고 바람 부는 오후에 보는 능소화는 발랄한 사춘기 아이들처럼 보였다.

오늘은 우리 집 옷장에도 진하디진한 빛의 고운 능소화 한 송이 피어나겠다.

(2018)

버섯

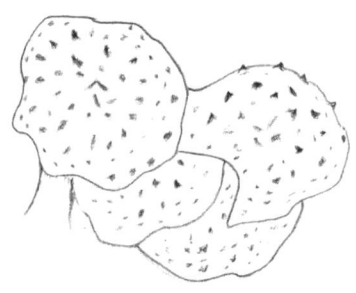

버섯을 싫어하는 건 아닌데 썩 좋아하는 편도 아니다. 그래도 자주 먹는 것으로 느타리와 표고가 있다. 기껏해야 표고나 느타리, 새송이, 양송이 정도나 사 먹다가 미식가들이 손꼽는다는 능이를 사 본 적이 있다. 그것도 우리나라가 아닌 중국의 한 도시에서다.

능이는 송이와 표고를 앞선 으뜸의 맛을 자랑한다고 한다. 꽃향기나 풀 향기, 흙냄새까지 품은 능이의 독특한 향은 먹어본 사람만 안다는 가이드의 말에 솔깃하여 건조 능이 한 봉지를 샀다. 그는 깊은 산중에서 3년에 한 번만 채취가 가능하고 그것도 한 철만 나는 귀한 버섯이라는 설명을 덧붙였다.

 소량 포장이지만 말린 버섯이라 오랫동안 보관이 가능하고 물에 불리면 양도 늘어나니 조금씩만 먹어도 몇 번은 맛볼 것이라는 기대도 했다. 가이드는 농산물 판매장에서 구매하는 것보다 싸고 좋은 품질의 버섯을 제공할 수 있다고 했다. 그의 말에 여기저기서 주문이 쏟아졌다.

 집으로 돌아오는 날, 공항에서 받은 마른 버섯의 무게는 가격에 비해 무척 가벼웠다. 행여 부서질까 신줏단지 모시듯 챙겨온 버섯을 바로 냉동실에 보관해두었다. 일단 냉동실로 직행하게 되면 넣었던 기억도 얼어버려 잊고 지내는 일이 다반사다. 능이도 그중 하나여서 한참이 지난 뒤에야 생각이 났다. 떡 본 김에 제사 지낸다고 그날 저녁에 느타리, 팽이, 새송이, 표고 등을 사다가 버섯 전골을 준비했다.

 향이 관건이라는 능이의 본 맛을 느끼기 위해 흐르는

물에 먼지만 재빨리 씻어 새 물에 담갔다. 버섯에서 나온 물이 그릇 전체를 갈색으로 물들이더니 금방 까매졌다. 아까운 물을 버리지 말라 했던 그의 말이 생각나 버섯 불린 물을 남겨두었다가 찌개 냄비에 부었다.

그런데 불렸어도 채 한 줌이 안 되는 능이가 냄비 속의 고기는 물론, 팽이와 새송이, 느타리를 검게 물들이고 국물까지 잡아먹었다. 그래도 독특한 향과 함께 쌉싸름한 맛이 일품이라 한 말에 기대를 걸고 국물부터 한입 떠먹어봤다. 맛이 특별하게 다르긴 했다.

하지만 찌개 맛을 본 아들은 두어 숟갈 뜨더니 바로 그릇을 치웠다. 남편은 내 독촉에 못 이겨 몇 숟갈 더 떠먹다가 사약 같다며 외면했다. 아들은 우유와 물을 계속 마셔도 다른 버섯은 물론 소고기에까지 배어든 쓴맛이 사라지지 않는다고 투덜댔고 남편은 능이라는 탈을 쓴 검은 버섯의 정체에 대해 의심을 하였다. 나도 슬그머니 숟가락을 놓고 말았다. 쓴 나물을 좋아하는 내게도 차원이 다른 쓴맛이었다. 소태라도 씹은 입맛으로 능이에 대한 검색을 시작했다.

능이와 흡사하게 생긴 버섯으로 노루털 버섯이라 불리는 개능이가 있다는 것을 어렵지 않게 찾았다. 둘은 생김새가 비슷하여 구별이 쉽지 않다고 한다. 다행인 것은 식용 가능한 버섯이라니 먹은 것에 대한 걱정은 덜었다. 더하여 항암효과가 있고 말려둔 것은 속이 안 좋을 때 달여 먹으면 좋다는 '이로운' 버섯이라는 설명을 읽을 땐 입안에 남아있던 쓴맛이 견딜만해졌다. 이틀 정도 물에 담가두면 쓴맛이 빠져 먹을만하다는 말에 급기야 꺼내놓은 버섯을 냉동실에 다시 집어넣기에 이르렀다.

처음에는 가이드한테 속았다는 기분에 속이 상했지만 생각해보면 그도 알고 판 것은 아니었을 테니 그의 잘못은 아니었다. 체육을 전공했다는 그에게 여행 가이드라는 직업은 잘 어울려 보였다. 그는 함께 한 사흘 동안 진중함과 장르를 넘나드는 해박한 지식으로 우리를 배부르게 했다. 어떤 질문에도 막힘없는 대답에 자신의 생각까지 일목요연하게 덧붙여주니 신뢰는 더욱 깊어졌다. 그런 그를 믿은 것은 나였고 버섯을 사겠다고 결정한 것도 나였다.

지금도 냉동실을 정리할 때마다 능이 아닌 개능이 봉지

를 한 번씩 보곤 한다. 그럴 때마다 저것을 언제 개봉해 볼까 생각하지만 그뿐이다. 그런데 문을 닫고 돌아서면 파노라마처럼 여행지에서의 일들이 펼쳐진다. 소태 같은 개능이의 선물이다.

(2017)

버스 안에서 2

아침 7시 45분, 고향으로 가는 버스를 탔다. 출발 2분 전에 타느라 짐처럼 몸을 실었다. 늦게 탄 데다 토요일이라 버스 안은 생각했던 것보다 빈자리가 없었다. 내가 생각했던 빈자리란, 나란히 붙은 두 개의 좌석이 비어있는 것이다. 모두 균형을 맞추듯 창가 자리 하나씩 차지하고 앉아있으니 맨 마지막에 탄 내게는 선택의 여지가 없다. 도로가 막히기라도 하면 세 시간이 될 수도 있는 거리라

잠깐 고민이 된다. 하지만 버스가 움직이기 시작하니 엉겁결에 앉은 것이 세 번째 줄이다. 다행히 옆에는 윤기 나는 긴 머리가 인상적인 여학생이 앉아있었다.

혼자 탈 때 대부분은 외진 자리를 선호한다. 버스에서처럼 누군가와 함께 앉아야 한다면 이성보다는 동성이 편하다. 내 곁에 여학생도 그런 생각을 했는지 모르겠다. 안전띠를 매고 숨을 돌리자 머리 위로 에어컨 바람이 쏟아졌다. 준비해간 스카프로 몸을 감싸고 신문을 꺼냈다. 그때 어디선가 전화벨이 울리기 시작했다.

한 번 두 번 세 번, 벨이 계속 울리는데도 아무도 받지 않아 소리 나는 쪽을 보니 맨 앞에 앉은 할머니 전화다. 할머니는 전화기를 만지작거리기만 할 뿐 받을 생각이 없어 보인다. 옆자리 남자가 광고 전화라면 받았다가 그냥 끊으라고 하자 할머니가 미안하다며 전화기를 주머니에 넣는다. 할머니는 진동으로 바꾸는 방법도 모르지만 바꿔주는 것도 원치 않는 눈치다.

불편한 건 할머니 전화벨 소리가 아닌 버스 기사의 행동이다. 출발하면서부터 계속 누군가와 통화를 하기 시작했는데 한참 지나도 끊을 기미가 보이지 않는다. 처음에는 도로 상황을 나누기 위한 동료와의 통화인가 싶었는데 그도 아니면서 계속되니 편치 않다. 이제나저제나 끝낼까 싶을 때 차가 고속도로로 들어섰다.

그때, 통로 건너편에 앉은 남학생이 부스럭거리며 가방을 뒤지기 시작했다. 잠시 후, 남학생 쪽에서 노랫소리가 흘러나왔다. 분명 이어폰을 낀 것 같은데 소리는 그를 떠나 버스 안에 고루 퍼졌다. 서로 다른 성별과 연령대의 가수들이 부른 다양한 노래가 학생과 어울리지 않는 것 같은데 그는 아예 발로 리듬을 타기까지 한다. 버스 기사의 통화와 옆자리에서 들려오는 음악 소리에 신경이 곤두선 나와 달리 내 곁에 여학생은 배낭을 무릎 위에 얹더니 깊은 잠에 빠졌다.

보고 있던 신문을 다시 펼쳤다. 신문에 박새에 관한 연구 기사가 실렸다. 개체 수가 많을 때 내성적인 박새가 활달한 박새보다 생존율이 높다는 내용이다. 학습효과는 활발한 박새가 빠른데 그만큼 다른 새와 부딪치는 일이 많아서 내성적인 박새보다 생존율이 낮다고 한다. 음악

소리가 거슬려 낮춰달라고 하고 싶어 슬쩍 곁눈질해보지만, 용기가 나지 않는 내가 꼭 내성적인 박새 같다. 활달한 것과 생존율이 높은 것 중 무엇이 나을까.

  버스 기사의 통화와 옆자리 남학생이 틀어놓은 음악 소리가 잦아들기를 기다리는 사이 버스가 서해대교를 지나 당진으로 들어섰다. 그때부터 버스 안 공기가 달라지기 시작했다. 몇몇은 딸각, 소리 내며 안전띠를 풀었고 몇은 전화로 자신이 목적지에 다 왔음을 알리기도 했다. 고속으로 달리는 동안 조용하던 앞자리의 두 여인도 각자의 여행 일정을 나누기 시작했다. 대화를 들어보면 초면임이 분명한데 오랜 지기처럼 스스럼이 없다. 어느새 내 곁에 여학생도 일어나 기지개를 켜더니 짐을 챙기기 시작했다. 동시에 건너편 남학생이 켜놓은 음악 소리도 멈췄다. 나도 자세를 고쳐 앉았다.

  한 시간 사십여 분을 달린 버스가 드디어 내가 내릴 목적지에 도착했다. 내가 아닌 타인들의 행동에 신경이 쓰였던 두어 시간이지만 목적지에 안전하게 도착한 것에 안도의 숨을 내쉬었다. 곁의 여학생도 건너편의 남학생도 나와 같은 곳에서 내릴 준비를 했다. 동시에 자리에서 일어나며 그 남학생의 옆모습을 보게 되었다. 어깨에 둘러멘 커다란 스포츠가방과 짧은 커트 머리가 인상적이었다. 그런데 버스에서 내려 주위를 살피다가 다시 몸을 돌려 터미널 밖으로 걸어가는 남학생, 아니 그녀의 뒷모습을 보게 되었다. 버스 안에서 들었던 노래들이 불편하면서도 익숙했던 이유를 알 것 같았다. 시원스러운 이목구비에 짧게 자른 커트 머리가 참 잘 어울리는 중년의 여인, 여행자 같은 그녀의 발걸음은 활달한 박새처럼 가볍고 날랬다.

(2017)

네 잎 토끼풀

집 근처에 낮은 산과 몇 개의 근린공원이 연결되어 있다. 해발 101m의 구봉산과 작은 근린공원 몇 개를 거쳐 반석산까지 갈 수 있다. 도시공원과 자연공원이 어우러진 이 길은 소요 시간도 편도 한 시간으로 적당하여 자주 이용한다. 반석산은 노작 홍사용문학관을 비롯하여 에코 스쿨과 미디어센터까지 품고 있고 산과 습지를 연결한 무장애길도 있어 내가 이 지역 공원의 화룡점정이라 말하는 곳이다.

  최근에 한곳이 추가되었다. 공원이란 건 알고 있었으나 큰길에서 떨어져 있는 데다 이름도 '손바닥 공원'이라 작은 줄만 알았던 곳이다. 그런데 공원 안내도를 보니 손바닥 모양인데 생각보다 작지 않다. 아마도 면적이 아니라 모양으로 지은 이름 같다. 얼마 전 우체국을 다녀오면서 공원 끝자락 오솔길을 걸었는데 마치 비밀의 정원 같다는 느낌이 들었다.

  공원은 큰 도로 옆에 우뚝 선 건물들과 아파트, 학교로 둘러싸인 곳에 있다. 공원을 감싸고 흐르는 실개천은 둑이 높아 예전엔 물이 제법 흘렀을 것 같았다. 앞으로 자주 걸을 그 길은 손바닥 공원의 새끼손가락쯤 되었다. 그 길에서 네 잎 토끼풀 몇 개를 찾았다. 이곳으로 이사 오기 전 살던 동네의 작은 공원이 생각났다. 그곳에서도 네 잎 토끼풀을 많이 찾았었다.

  전에 살았던 아파트 축대 아래에 공원이 있었다. 웬만한 집의 마당이나 정원쯤 되겠다는 생각에 '손바닥 공원'

이라 불렀다. 면적은 작지만 다양한 수종의 나무와 풀이 자라서 보는 재미가 쏠쏠했다. 봄에는 안개꽃 같은 봄맞이가 일렁이고 여름엔 개망초꽃이 흐드러지게 피고 장밋빛으로 익은 뱀딸기와 흑진주 같은 맥문동 열매가 익으며 계절을 알렸다.

산수유와 철쭉, 벚, 황매화가 봄의 문을 열면 무궁화는 한여름을 지켰다. 가을에는 희고 붉은 배롱나무 몇 그루 사이에 있는 계수나무 향이 더 달콤해졌다. 또 반송을 비롯해 화살나무와 남천이 키를 견주고 고목이 된 은행나무와 감나무 앞에는 운동기구와 의자도 있었다.

토끼풀이 무성한, 그 작은 공원이 특별해진 것은 네 잎 토끼풀을 찾는 분을 만나면서부터였다. 덕분에 작은 공원을 지날 때마다 네 잎 토끼풀 찾는 것이 일상이 되었다.

공원을 가로질러 아파트까지 백 걸음도 채 안 되지만 항상 길섶을 살피는 일이 설레고 즐거운 것은 빈손으로 돌아가지 않아서였다. 그렇다고 많이 따는 것도 아니었다. 몇 개를 발견했던 첫날 이후, 항상 하나 이상은 보이지 않았다. 하지만 갈 길 바쁜 나도 한 잎이 주는 설렘,

그 이상은 욕심내지 않았다.

　행운의 상징인 네 잎 토끼풀을 찾는 일은 생각보다 어렵다. 반대로 아주 쉬울 수도 있다. 한 번 찾아냈다면 그곳에서 다시 만날 확률이 높아서다. 잠깐의 설렘이지만 그것이 주는 추억은 생각보다 오래간다. 책갈피에 모아두었던 네 잎 토끼풀을 갈피표로 만들어 두었다가 좋은 일이 생기길 바라는 마음을 담아 인연이 있는 분들께 전한 덕분이다.

　네 잎 토끼풀은 희망과 사랑, 행복을 상징한다고 한다. 또 이것을 찾아낸 사람에게는 행운이 깃든다고 믿는다. 오늘, 진짜 '손바닥 공원'의 끝자락 새끼손가락 길에서 세 잎의 평화 속에 빛나는 네 잎의 희망 몇 개를 찾았다. 내가 공원과 숲을 산책하는 일은 여러 행복 중 하나다. 그러다 네 잎 토끼풀을 보면 행운까지 만나는 셈이 된다.

　오늘 찾은 몇 개의 행운은 누구에게로 보낼까. 생각만으로도 설렌다.

(2019)

오죽헌의 팔월 한낮

 팔월의 불볕더위는 나무에도 예외가 없다. 불같은 꽃빛에 화상 입은 것처럼 꽃 사이로 드러난 배롱나무 줄기가 얼룩덜룩하다. 오죽헌 입구를 밝히듯 붉은 꽃 만개한 배롱나무 사이로 땀을 뻘뻘 흘리며 지나간다. 한 손엔 양산을 받쳐 들고 모자까지 눌러썼다. 그도 모자라 부채와 손수건까지 챙겨 들고 더위와 맞서보지만 역부족이다. 등에서는 땀이 비처럼 흐른다. 그래도 뒤로 물러서지 않는 것은 꼭 와보고 싶었던 곳이기 때문이다. 팔월 땡볕을 이기는 것은 양산도 부채도 모자도 아니다. 그건 보이지 않는 즐거움이다.

자경문 곁에도 수문장 같은 배롱나무 한 그루 서 있다. 오죽헌인데 지금은 오죽보다 꽃이 활짝 핀 배롱나무가 주인인 것 같다. 안으로 들어가니 고사한 나무에서 나온 새싹이 자란 것이라는 600살로 추정한다는 배롱나무 한 그루 또 서 있다. 오죽헌의 다른 수호목인 율곡매(栗谷梅)의 나이도 600살을 헤아리는데 모두 사임당 모자가 직접 가꾸었다는 나무다. 사임당 모자가 어루만졌을 것이라는 안내문을 읽다가 뒤돌아보니 몽룡실 앞에 아이들을 세워놓고 사진을 찍는 젊은 아빠의 모습이 보인다. 저 배롱과 매화가 그림 그리는 사임당과 어린 율곡의 글 읽는 목소리를 들으며 자랐을 것으로 생각하니 거목의 밑동에 귀를 대면, 글 읽는 소리 들릴 것만 같다.

율곡매를 끼고 돌아 안채와 바깥채로 통하는 쪽문으로 나가 본다. 낮은 굴뚝을 지나 뒤뜰로 가니 삼 층으로 된 돌담이 단아한 모습으로 손님을 맞는다. 바깥채와 안채를 품에 안은 마당으로 들어서 툇마루로 올라섰다. 앞뒤로 활짝 열어둔 여닫이문을 통해 바람 한 줄기 마당으로 지나간다. 나도 멈추지 않고 바깥채로 통하는 문으로 향하는데 뭔가 낯익은 것이 발길을 멈추게 한다. 뒤돌아보니 마루 위, 종이 판자 위에 새똥이 소복하다. 하얀 새똥, 마루나 흙마루 위에 저런 똥을 떨어뜨리는 건 제비들뿐이다. 위를 올려다보니 제비집 하나 처마 밑에 붙어있다. 새똥이 소복한 곳과 흔적만 남아있는 것으로 보아 옆집은 헐린 것 같다.

뒤뜰 담장만큼이나 견고하고 깔끔하게 지어놓은 제비들의 흙집, 빈집을 한참 바라보는데 방문 위에서 무언가 움직인다. 한 쌍의 제비다. 마치 신혼 방에 앉아있는 원앙부부 같기도 하고 먼 길 떠나기 전, 날기 연습을 하는 새끼제비들 같기도 하다.

요즘은 제비를 만나기가 쉽지 않다. 꽤 오래된 일 같다. 고향을 떠났을 때부터였을까. 바지랑대와 빨랫줄이 없어졌을 때부터였을까. 아니면 부연 달린 처마가 사라진 후부터였을까. 비상하는 제비의 반들거리는 꽁지와 날개를 본 지 꽤 오래되었다.

얼마 전 사진으로 제비마을을 봤다. 양산 통도사 절집 여러 곳에 제비들이 집을 지어 새끼를 기르고 있었다. 사진을 보며 살림집들이 모두 콘크리트로 지어져 제비들이 못 오는가 싶었다. 하지만 충북 음성의 농협 건물에 집을 지은 제비가 있는 것을 보면 그도 아닌 것 같다. 숙직실 전등을 뼈대 삼아 집을 지어 새끼를 키운다는데 위험한 곳에 집을 지을 수밖에 없었던 제비 부부만의 어떤 다급함이 있지 않았을까 생각했다. 어디에 집을 짓든 제비 부부는 집 한 채 지으려고 날개와 부리를 수만 번 움직였을 것이다.

어릴 때 우리 집 흙마루 위에도 해마다 제비들이 찾아와 집을 짓곤 했다. 조금씩 높아져 가는 제비들의 집짓기는 우리를 성가시게 했다. 재료를 물어다 짓이겨 집을 지으며 흙마루에 흘리는 부스러기를 아침저녁으로 쓸어내야 했기 때문이다. 입안에 물고 들어온 진흙과 지푸라기를 고스란히 흙마루에 놓쳐버린 일도 부지기수다. 아침마다 몽당비가 된 수수 빗자루를 들고 흙마루를 쓸어냈다. 제비의 입안에서 다져진 몽글몽글한 흙들은 퇴비장에 버려졌다. 그래도 비질 후 올려다보면 집 높이가 눈에 띄게 높아지고 있었다.

어른들은 날마다 기특하다는 표정으로 제비집을 올려다 보았다. 흙집 기둥에 지은 제비집, 비좁아서 새끼 네 마리가 있기에 버거워 보였는데도 잘도 견뎌냈다. 새끼를 치고 나면 이번엔 시도 때도 없이 흘리는 똥을 치우느라 애를 먹었다. 새끼들은 어미가 사냥 나갔다 돌아오면 어찌 알았는지 모두 노란 꽃 같은 입을 벌리고 지직댔다. 그러면 어미는 순서를 까먹지도 않고 차례대로 먹이를 넣어주었다.

벼가 자라듯 쑥쑥 자란 새끼들을 데리고 나란히 빨랫줄에 앉아 나는 연습을 시작하면 제비집은 헌 집이 된다. 어미 새는 새끼들과 바지랑대 기준 세워 나란히 앉았다가 고맙다는 인사처럼 좁은 마당 안을 몇 번 날고는 떠났다. 청소할 때는 귀찮았는데 막상 빈집을 보게 되면 어른같이 마음 한구석이 바람 든 무처럼 휑하다는 느낌이 들었다.

새끼 제비 두 마리, 오랜만에 제비집을 보고 있으니 나도 작은 흙집 한 채 짓고 싶어진다. 흙집 벽에 제비가 찾아와 집을 지어준다면 이제는 날마다 지지배배 지지배배 콧노래 부르며 청소도 해 줄 텐데. 줄줄이 엮여 나오는 생각들을 안마당 빈 빨랫줄에 별처럼 걸어놓고 나오다가 활짝 핀 배롱나무한테 딱 걸렸다. 오죽헌의 또 다른 주인 얼굴처럼 내 얼굴도 붉은 꽃 빛이 되어 배롱나무 터널을 걸어 나왔다.

(2016)

며느리밥풀꽃

　모기의 입이 삐뚤어진다는 처서 지난 지 오래, 더위는 사람도 모기도 이겨내고 승승장구 중이다. 이 여름은 가을도 이겨먹을 모양이다. 더위는 식물들의 북방한계선을 쭉쭉 끌어올리며 지친 사람들의 혈압을 상승시키는 중이다. 그렇다고 지쳐있을 수는 없는 일, 국지성 호우 뉴스를 못 들은 척 가방을 챙겨 나선다. 이왕 차로 나선 길이니 가까운 청계산보다는 광교산을 택한다.

변덕 심한 하늘은 출발할 땐 햇빛이 쨍쨍하더니 수원으로 접어들자 앞이 보이지 않도록 비를 퍼붓는다. 그래도 꿋꿋이 앞으로 나간다. 가방에 우산과 우비를 챙겨 넣었다는 것만으로도 든든하다. 등산로 입구에 도착했을 땐 다행히 비도 그쳤다. 이미 많은 사람이 하산하고 있는 시간, 우리는 산으로 올라간다.

형제봉을 향해 완만한 산길을 걷는다. 380개의 계단이 앞을 가로막는다. 등산객이 없으니 내 세상 만난 듯 지그재그로 춤추듯 올라간다. 드디어 형제봉이다. 어느 것이 형이고 아우인지는 알 수 없으나 여기저기 앉을 수 있는 무릎을 내어주고 있으니 마음씨 좋은 형제봉이다.

이번엔 시루봉을 향해 올라가다 작년에 보았던 김준용 장군 전승비 안내판을 다시 만났다. 몇 년 전 이맘때 일부러 그 길로 빠져 확인하고 돌아 나온 적이 있어 반가운 이정표다. 그보다 더 반가운 것은 안내판 맞은편에 소복하게 군락을 이뤄 핀 며느리밥풀꽃이다.

며느리밥풀꽃은 이십여 년 전 거창의 금원산 자락에서 처음 봤다. 8월의 따글따글한 태양을 피해 볼 요량으로 찾아간 계곡에서다. 단일바위로는 우리나라에서 최고의 크기를 자랑한다는 문바위를 보러 오르는 길이었다. 물소리에 새소리도 묻히는 계곡 옆 산자락에서 혼자 수줍게 볼을 붉히고 서 있는 며느리밥풀꽃을 처음 봤다. 우거진 풀 사이로 붉고 고운 꽃잎에 붙은 하얀 밥풀. 사연은 빼고라도 왜 밥풀꽃인지 모습만 봐도 알 것 같았다. 조심스럽게 다가가 눈을 맞췄던 그 순간이 기억 속에 선명하게 남아있다.

이젠 8월의 어느 산에서나 며느리밥풀꽃을 찾아낼 수가 있다. 꽃이 피기 전 잎만 봐도 알 수 있으니 막역한 친구 같다. 예전엔 곁에 두고도 보이지 않았던 꽃이었다. 관악산 등산로 그늘 한편에서 가물게 핀 꽃을 만나면 오르던 길 멈추고 잠시 땀을 식힌다. 모락산 절터 약수터로 돌아가는 모퉁이쯤에서 만났던 짙은 녹색 잎과 선명한 붉은 빛을 가진 그 꽃은 가쁜 숨 몰아쉬던 내게 쉼터가 되어줬다. 사인암 곁을 지나 내려오다 소나무 그늘 사이에서 같은 꽃을 다시 만나기도 했다. 그럴 때마다 온몸에 박하 같은 기운이 퍼졌다.

사람도 나무도 몇 번쯤은 만나야 겨우 얼굴을 익히는 너울가지 없는 사람이 유일하게 한번 보고 기억한 꽃이라 그랬을까. 잠깐씩 쏟아진 비의 흔적이 곳곳에 남아있는 광교산의 오후, 버스정류장 길로 내려오는데 급경사진 계단이 아슬아슬하다. 야간 산행이라도 할 모양인지 늦게 올라오는 두 남자, 이곳은 다래 넝쿨이 많아 다래골이라며 계단을 오른다. 하지만 우리는 내려가면서도 다래보다는 며느리밥풀꽃 찾기에 여념이 없다.

(2017)

봄

 겨울에는 생각 없이 밟고 다니던 산길이 봄에는 발걸음 떼는 것도 조심스럽다. 봄날 하루는 꽃들에는 한 달과 같아 부지런하지 않으면 때를 놓치고 만다. 그 꽃들을 보려면 사람도 부지런해야 한다. 눈도 밝아야 한다. 작은 꽃을 피해 징검다리 건너듯 바위와 돌을 찾아 걷다 보니 갈지자 걸음이 되고 만다.
 사진으로만 보던 변산바람꽃은 이 년 전 수리산에서 처

음 만났다. 때를 놓쳐 찾아간 탓에 이미 잎이 시들고 꽃잎은 퇴색하였어도 숲에서 만난 몇 송이 꽃은 환상적이었다. 그 후, 해마다 봄이 오기 전 그 산자락을 기웃거리며 작은 꽃의 안부를 궁금해했다. 빠르면 이월 말부터 언 땅을 뚫고 올라오는 바람꽃은 자세히 살피지 않으면 보이지 않는다. 그야말로 아는 만큼 보이고 또 자세히 살펴야 보이는 예쁜 꽃 중 하나다.

설레는 마음으로 지인과 함께 계곡 입구로 들어서자 마중 나온 바람꽃이 우리 마음을 흔들어 놓는다. 손가락 길이의 줄기에 매달린 다섯 장의 꽃잎 속에 연보라와 녹색의 꽃술이 조화롭다. 꽃 옆에 쭈그리고 앉아 멍하니 바라보고 있는데 바람꽃 흔들리듯 내 옆구리가 흔들렸다.

전화기를 열어보니 조카가 보낸 문자가 형님을 거쳐 내게로 왔다. 예정일보다 일주일 빨리 태어나 기쁨이 배가 되었을까. 형님은 갓 태어난 손자의 사진까지 덧붙여 보냈다. 문자 속의 글자들이 새싹처럼 싱그럽다. 기쁜 마음을 담아 썼으니 읽는 사람에게도 그리 느껴졌을 것이다.

서둘러 산에서 내려왔다. 서울로 가는 지하철을 기다리

고 있는데 바람꽃을 보러 나설 때처럼 설레고 가슴이 두근거리기까지 했다. 조카는 내가 결혼해서 처음 봤을 때, 서너 살밖에 안 된 꼬마였다. 맑은 눈망울에 겁 많고 귀여웠던 아이가 어느새 아빠가 되었다.

전철역에 마중 나와 있던 조카의 얼굴은 밤을 새운 티가 안 났다. 마치 봄바람처럼 가볍게 살랑거리기까지 했고 언 땅을 뚫고 나온 바람꽃처럼 화사했다.

말이 많지 않은 조카가 어젯밤의 일들을 조곤조곤 이야기했다. 부산에서 오고 있는 엄마를 기다리는 동안에도, 만나서 함께 병원으로 이동하는 중에도 봄바람처럼 아이와의 첫 만남을 실어 날랐다.

병원에 들어서니 마침 아기가 엄마 품에 안겨 있었다. 하얀 담요에 싸여있던 아기의 얼굴이 낯설지 않았다. 태어난 지 하루밖에 안 된 아기는 깨끗했고 오밀조밀했으며 눈망울까지 또렷했다.

초보 부모는 그 작은 아기를 어쩌지 못해 허둥대면서도 웃음을 감추지 못했다. 배가 고파 울면 기저귀를 먼저 살피고 젖은 기저귀가 불편해 울면 분유를 먹이는 식이었다. 그렇게 조카는 한 송이 꽃 같은 작은 아기의 아빠가 되어 조심스럽게 아이와 눈 맞춤을 시작했다. 바람꽃 피는 이른 봄날에.

바람꽃의 꽃말은 기다림과 비밀스러운 사랑이다. 바람꽃을 보려면 봄을 기다려야 한다. 설사 만난다 해도 비밀스럽게 움직여 다치지 않도록 조심해야 한다. 겨우내 언 땅속에서 봄을 고대한 바람꽃처럼 조카는 지난 열 달 동안 이 봄을 기다렸을 것이다.

사랑은 드러내놓는 것도 좋지만 적당한 거리를 두는 비밀스러움도 필요하다. 그것은 무조건 숨기고 보는 비밀이 아니라 지켜주는 사랑의 비밀스러움이다. 서둘러 다가가면 꽃이 상처를 입듯 아기를 돌보는 일도 그렇다.

조카와 질부는 멋진 부모가 될 것이다. 그 둘 사이에서 꽉 움켜쥔 작은 손도, 목청 높여 우는 것도 예쁜 아기를 꽃 보듯 바라보다 병실을 나서는데 커다란 꽃바구니가 들어왔다. '오늘은 가는 곳마다 봄이네.'라고 생각하다 자세히 보니 갖가지 색깔의 과일로 장식된 꽃 같은 과일바구니다. 오는 길에 형님이 바구니에서 노랗고 붉은 과일 몇 개를 꺼내줬다. 나는 아기와 봄과 바람꽃을 과일바구니에 담아왔다.

(2016)

2. 엄마의 땅

겨우내 창고에서 잠을 자던 엄마의 호미가 밖으로 나왔다. 뭉툭하게 닳았으나 날렵한 엄마의 호미. 당신 앞에는 터앝에 심을 고추와 가지, 토마토, 오이, 호박 모종이 두 개씩 짝을 이뤄 얌전히 기다리고 있다. 엄마는 당신의 굽은 다리 같은 호미를 터앝으로 던지고 무릎걸음으로 다가갔다. 흙먼지 터느라 걷어 올린 일바지 아래로 호미처럼 굽은 엄마의 오른쪽 다리가 앙상하게 드러났다.

씨앗을 헤아리다

냉이

김치

엄마의 땅

누가 주인일까

호박을 타다

담

콩

푸른 기와집 감나무

다슬기국 2

감나무

보리

칠곡가시나들

씨앗을 헤아리다

　지난가을, 친정집 주변에 심은 나무들의 키는 하늘 향한 해바라기에 한참 못 미쳤다. 곁에 여덟 개의 계절을 지나온 복숭아와 뽕나무도 해바라기의 배꼽쯤 닿았고 십년 동안 한자리 지킨 매화나무도 해바라기 앞에서는 키가 아닌 나이로만 우쭐할 뿐이었다. 큰 키를 자랑하며 집 주위를 울타리처럼 둘러선 해바라기가 봄에 떡잎이었다는 것이 믿어지지 않을 정도였다.

가끔 친정에 들러 쑥쑥 자란 해바라기를 볼 때마다 깜짝깜짝 놀랐다. 엄마는 해바라기에 물을 주면서도, 한약 찌꺼기를 묻어 줄 때도 사람 대하듯 덕담을 잊지 않아서였을 것이라고 하셨다. 무럭무럭 자란 해바라기의 줄기가 굵어지고 잎이 갈맷빛으로 짙어지자 꽃이 피기 시작하고 씨가 생기면서 아래 잎들은 눌눌해지기 시작했다. 토란잎만 한 누런 잎은 손으로 자를 수 없어 낫으로 쳐내야만 했다. 처음에 꽃은 손바닥만 했다가 쟁반만큼 커졌다. 선명하게 빛나는 노란색 꽃잎을 보고 있으면 저절로 고흐의 해바라기 그림이 떠올랐다.

해바라기의 푸른 줄기가 누르스름해지는가 싶더니 씨앗이 통통하게 여물기 시작했다. 황금 같던 꽃잎은 시나브로 누렇게 변하였고 마지막에는 씨앗을 껴안은 채 물기를 거두었다. 줄기의 물기도 이파리의 영양분도 해바라기의 머리로만 몰리는 것 같았다. 여름내 그렇게 찬란히 빛났던 해바라기는 자신의 소임을 다 했다는 것을 씨앗으로 남기며 가을을 맞았다.

배춧속이 앉을 무렵, 해바라기 씨 수확에 나섰다. 해바라기 뿌리는 흙을 얼마나 단단히 움켜쥐었는지 두 손으로 잡아 봐도 요지부동이다. 식물의 줄기를 지나 나무의 둥치가 되어버린 밑동에 톱을 갖다 댔다. 톱질하기 전, 줄기의 아래부터 위까지 천천히 훑어봤다. 굵은 몸통엔 잎을 떼어낸 자리마다 생긴 마디 같은 선이 자라온 과정을 곱씹듯 주름처럼 잡혀 있었다. 서서히 가늘게 사라진 마디의 흔적을 따라 시선이 머문 곳은 하늘이다.

독일의 한 정원사는 9m가 넘는 해바라기를 키워냈다는데 그 정도는 한참 못 미치지만 적어도 3m는 되어 보였다. 작은 것들도 2m는 넘을 것이니 올해도 여남은 개의 해바라기 대는 마늘밭을 덮은 짚이 바람에 날아가지 않도록 누르는 데 쓰일 것이다. 또 봄이 되면, 장을 달이는 데 장작 대용으로 쓰일 테니 어느 하나 버릴 것 없는 해바라기의 삶이다.

공중에 떠 있다가 땅으로 내려온 해바라기 열매들을 모아 양지바른 마당에 늘어놓았다. 크기는 제각각이지만 빈틈없이 들어찬 씨앗을 품은 모습을 보니 마음이 뿌듯해졌다. 벌집처럼 빈틈없이 박힌 씨앗, 가장 많이 품은 열매

하나를 따로 챙겼다. 작은 쟁반만 한 크기의 해바라기 열매는 균일한 크기의 씨앗들로 꽉 차 빽빽한 밀림 같았다. 손바닥으로 훑어보다 문득 씨앗의 개수가 궁금해졌다. 가장 크고 무거운 녀석 하나를 골라 한쪽에 밀어놓았다.

엄마는 해마다 해바라기 씨를 까서 메지메지 나누어 주신다. 그래서 섞이기 전에 골라놓은 한 통을 따로 보관해 달라고 부탁드렸다. 언제든 집에 오게 되면 씨앗의 개수를 헤아려볼 요량이었다. 그런데 내 말을 들은 엄마가 정말로 해바라기 한 통을 따로 털어 씨앗 숫자를 헤아리고 껍질 깐 알맹이까지 따로 모아두었다.

달력 뒤에 적바림해둔 해바라기 씨는 2,200여 개였다. 봄에 한 알의 씨앗으로부터 시작된 해바라기의 여정은 2,200이란 숫자로 마감했다. 집으로 가져온 씨앗 봉지를 쏟아보니 겉껍질을 벗은 알맹이들이 오므린 양손 가득 수북하게 올라갔다. 해바라기 한 통, 거기서 나온 씨의 반을 덜어 멸치볶음에 넣었다.

코스모스 열매 하나가 맺은 씨를 헤아려봤더니 평균 마흔 남짓 들었더라는 생물 박사의 칼럼을 읽은 적이 있다.

사과 속의 씨앗은 헤아릴 수 있어도 씨앗 속의 사과는 헤아릴 수 없다는 말도 있다. 까지 않고 종자로 남겨둔 해바라기 씨앗 한 줌, 그 씨의 수를 헤아릴 수는 있어도 거둘 씨앗까지 헤아릴 수는 없을 것이다. 그래서 해바라기의 다음 해가 기대된다.

(2017)

냉이

어느새 봄이 깊었다. 옷 속으로 파고드는 바람결도 부드럽다. 마스크를 끼고 집 근처 저류지로 나가봤다. 못 주변 둑에 냉이꽃이 흐드러지게 피어 있었다. 수양버들 가지는 못물을 적실 만큼 늘어져 물을 푸르게 물들일 것 같았다. 정강이 내놓고 말을 씻기는 <세마도>가 떠오르는 풍경이었다. 단원은 문밖의 푸른 못물로 말을 씻긴다고 했는데 버드나무가 푸름을 더했으리라. 냉이꽃을 보며 올해 냉이는 맛이 아닌 눈으로만 보겠다는 생각이 들었다.

봄나물 중 냉이를 가장 좋아한다. 그래서 이제는 친정집 텃밭과 밭두렁 어디쯤 냉이가 많은지도 훤하다. 봄이 되면 넉넉히 캐다 냉동실에 넣어두고 된장국을 끓여 먹거나 라면에 함께 넣어 먹으며 다시 올 봄을 기다리곤 했다. 내게 냉이는 사 먹는 것이 아니라 캐 먹는 것이라는 인식이 강한 나물 중 하나이기 때문이다.

그런데 올해는 냉이를 딱 한 번 캤다. 잠깐, 그것도 부지런히 움직인 덕분이었다. 급한 대로 바짓단은 양말 속으로 집어넣고 장화를 꺼내 신었던 지난 이월. 평상 아래에서 호미를 꺼내 쪽파밭으로 나갔을 때 냉이는 땅에 붙은 이파리에 초록 물을 입혀 기지개를 켜고 있었다. 이월 중순, 큰 추위가 없어 땅이 얼지 않았으니 냉이 캐기에 딱 좋은 때였다.

지난해엔 마당 가와 배추밭 고랑이 우세였는데 올해는 쪽파밭이 심상찮았다. 고랑과 두둑 사이에 냉이 카펫이 깔렸다. 쪼그리고 앉아 잎의 두세 배는 될 곧고 긴 뿌리까지 뽑아내느라 정성을 다했다. 올해는 냉이 맛이 좋을 때 제대로 온 것 같다며 바구니 채우는 재미에 빠져 차가 밀리기 전에 출발해야 한다는 남편의 재촉에도 멈추질 못했다. 흙을 씻어내고 누런 잎을 떼어내며 뿌리까지 다듬을 일을 생각한다면 진즉 멈췄겠으나 캐는 일에 몰두하느라 뒷갈망은 잊었던 그때가, 처음이자 마지막 냉이 캐기였다.

그 후로 한동안 전화로만 시골 소식을 들었다. 예전 같았으면 벙싯거리던 꽃봉오리의 미세한 변화까지 기억할 정도로 자주 내려갔을 텐데 올해는 모든 일상이 멈춘 기계가 되어버렸다. 그렇게 엄마의 목소리로 봄꽃의 개화 소식을 들었다. 겨우내 꿈틀거렸을 마늘의 숨구멍을 열어줄 볏짚을 걷어내고 거름을 뿌리고 호미질까지 마쳤다는 것도 수화기 너머로 들었다.

처음엔 적어도 한 달이면 잡히지 않을까 희망을 품었다. 도시 하나를 날름 어둠으로 몰아넣고도 끝나지 않은 바이러스와의 전쟁은 2주만 조심하자는 희망의 끈을 붙잡기를 수 번, 아직도 살얼음 언 강을 건너는 중이다.

한참 있다 시골에 내려갔을 때, 이젠 쪽파밭의 냉이가 아니라 냉이밭의 쪽파가 되어 있었다. 그동안 아무도 손을 대지 않아 계속 자란 냉이는 꽃을 피우며 주변까지 번졌다. 전에는 씨를 받아야 한다며 뽑지 말라던 냉이가 이젠 골칫거리가 되었다. 몇 달 동안 내려오지 않아 놓친 게 많겠지만 쪽파와 냉이도 때를 놓친 것 중 하나다.

어디 냉이꽃뿐일까. 풀꽃들이 논틀길과 밭틀길, 심지어 채소밭까지 넘보는 기세가 조바심치는 사람 못지않다. 무릎까지 덮는 냉이를 낫으로 쳐내고 구해낸 쪽파는 뿌리가 여물대로 여물었다. 씨로 쓸 쪽파 무더기를 앞마당에 쌓아놓고 우린 또 무엇에 쫓기듯 도시로 돌아왔다.

집에 돌아와 냉동실에 얼려 둔 남아있는 냉이를 꺼냈다. 냉이된장국을 끓여 한 그릇 퍼 놓으니 된장과 어우러진 냉이 향이 식탁에 퍼진다. 올해 마지막 냉이라 여기니 해토머리쯤 다녀왔던 쪽파밭의 냉이가 또 생각난다.

(2020)

김치

우리 집은 매년 11월 셋째 주에 김장을 한다. 각자 집에서 담그다가 시골에 내려가서 함께 하기 시작한 건 십여 년쯤 된다. 언제부터인가 내게 중노동이 된 연중행사가 김장이다. 다들 바쁘다 보니 하루 전에 내려가 준비하는 건 온전히 내 몫이기 때문이다.

백여 포기의 배추와 무를 뽑아 다듬고 쪽파와 대파, 갓까지 준비하고 소금물을 만들어 배추를 절이고 나면 내가 먼저 숨이 죽는다. 친정엄마와 남편 도움이 없으면 못 할 일이다. 저녁엔 무채와 양념에 들어갈 파와 갓을 썰어놓고 한밤중에 나가 배추를 뒤집다 보면 '내년엔 그냥 사 먹자.'는 소리가 절로 나온다.

다음날 일찌감치 내려온 동생들과 함께 배추를 씻을 땐 절인 배추가 살아날 만큼 시끌벅적하다. 둘러앉아 물 빠진 배추에 속을 넣으며 나누는 이야기는 양념이 되어 버무려진다. 노란 배춧잎을 골라 양념소를 넣고 큼직한 수육 한 점 싸서 입에 넣으면 전날 쌓였던 피로가 풀리는 것도 같다. 그래도 마지막 정리까지 마치고 돌아오며 '내년에 각자 알아서 할 테니 배추 심지 말라.'는 부탁과 간청을 잊지 않는다.

사실, 가장 많은 고생을 하는 건 친정엄마다. 마른 고추를 사다가 하나씩 닦아 방앗간에 가서 빻는 것도 일이지만, 마늘과 생강을 다져놓는 것도 거동이 불편한 엄마에겐 쉬운 일이 아니다. 그래도 해마다 배추 모종을 사다 심고 무씨를 뿌리고 수확할 때까지 눈을 떼지 못한다. 올해처럼 배추 한 포기 가격이 팔천 원, 만 원을 넘나들 땐 사 먹는 것보다 백번 낫다는 말에 토를 달 수는 없다. 하지만, 시간과 공력을 생각한다면 사 먹는 것도 나쁘지 않은 게 김치, 김장김치다.

김치 종류는 백여 가지가 넘는데 그래도 대표는 배추김치다. 특히 역사가 가장 오래된 김장김치는 초겨울에 담가놓으면 일 년 내내 먹을 수 있다. 그런 김장김치지만, 지금은 열 가구 중 두 가구가 시판 김치를 구매한다. 집에서 담가도 절임 배추를 사는 가구가 55%에 이르니 요즈음은 김장철이란 말이 무색하다. 김치는 담가 먹는 식품이 아니라 구매해 먹는 제품으로 변하고 있다.

김치 시장 규모는 해마다 증가 추세다. 조사기관에 따르면 2017년 2,128억 원이었던 것이 2년 후인 2019년에는 2,673억 원의 판매액을 기록했다고 한다. 2020년은 코로나19 여파로 김치 판매량이 24%나 증가했다. 2020년 판매액은 3,000억 원까지 바라본다는 전망이다.

사 먹는 이유는 여러 가지다. 아파트 거주자가 많으니 집에서 담그기 힘들기도 하고 맞벌이 증가로 시간 내기가 어려운 점도 있다. 일인 가정 증가도 있다. 더불어 시판 김치가 맛있고 시간을 절약해주니 편리한 점도 있다. 거기다 각 지역의 맛을 살린 제품이 나와 소비자의 선택 폭도 넓어졌다. 가성비만 따져도 시판 김치를 사는 게 훨씬 낫다. 배추 모종을 심고 가꾸는 걸 빼더라도 양념 준비부터 김칫소를 만들어 김치를 담그고 정리하기까지 비용뿐만이 아니라 많은 시간과 노력이 필요하다.

시판 중인 김치의 양념은 제품별로 조금씩 상이하나 대개 열 가지 이상의 재료가 들어간다. 요즈음 포기김치 10kg이 4~5만 원대다. 그러니 사 먹는 게 낫다는 결론이 나온다. 평생 김치 사 먹는 걸 꺼리던 망백의 시어머니도 작년부터는 시장에서 김치를 사다 드신다. 친정엄마도 작년 여름부터 마트에서 열무김치를 사다 드신다. 그런데 김장김치만은 못 믿는 눈치다. 그러니 올해도 김장 지옥에서 벗어나긴 틀렸다. 그런데 힘들어도 담가 놓고 일 년에 걸쳐 숙성된 우리 집만의 김치맛을 즐기다 보면 그 힘듦을 잊는다.

우리 집 김치는 멸치액젓보다는 새우젓과 생새우가 더 들어가 막 담갔을 땐 맛이 덜하다. 그런데 김치 냉장고에 넣어두면 시간이 지나며 서로 어우러져 시원하고 담백한

맛으로 숙성된다. 그 김치로 김치찜과 찌개, 오징어 넣은 김치전이나 김치김밥, 김치볶음밥을 하고 물에 담갔다가 쌈도 싸 먹는다. 집에서 담근 김장김치는 사서 먹으면 나올 수 없는 맛이 있다.

해마다 투덜거리고 몸살을 앓으며 담그는 김장김치엔 친정엄마 덕분과 때문이라는 양가감정이 들어있다. 그 감정은 가성비를 떠나, 엄마가 살아계시다는 상징적 의미로 정리된다. 그래도 공장의 김치맛에 개인 손맛을 잊을 날이 올지도 모르겠다.

내년엔 모르겠다던 엄마가 올해도 백이십 포기의 배추를 심었다고 전화를 하셨다. 모르긴 해도 평소 당신 말대로 죽을힘을 다했을 것이다. 고추도 삼십 근을 샀다고 하니 올해도 마음의 준비를 단단히 해야겠다. 이왕 할 거면 '맛은 추억이고 기억'이라 한 어느 소설가의 말처럼 우리집 김치를 먹은 지인들과 아이들이 내 손맛을 기억하고 추억할 수 있도록 말이다.

오늘 저녁은 새로 꺼낸 김장김치를 넣고 김밥을 말아야겠다.

(2020)

엄마의 땅

 친정에서 하룻밤을 잤다. 실로 오랜만의 일이다. 바쁘다는 변명과 엄마가 편히 못 쉰다는 핑계로 당일치기로 다녀간 지 꽤 된다. 근래에는 코로나19도 거들었다. 그동안 엄마의 통증은 얕은 내를 건너 깊은 강에 이르러 있었다. 밤에 화장실을 가느라 움직이는 모습이 눈에 띄게 느려졌고 집안에서의 이동도 지팡이에 의지해 산을 하나씩 옮기고 계셨다. 올해부턴 일주일에 세 번, 마다하던 요양

보호사의 도움을 마지못해 받는 것도 변화 중 하나다.

 그런데도 손에서 놓지 못하는 것이 있으니 마당 같은 터앝 가꾸는 일이다. 몇 년 전만 해도 삽이나 쇠스랑, 괭이로 밭을 일궜으나 이젠 모든 일을 호미로 해결한다. 밭갈이나 힘쓰는 일은 가끔 이웃의 도움도 받지만, 대개는 뭉쳐 다니며 호미로 땅을 파고 골을 만들어 모종을 심고 풀을 뽑는다. 호미는 몸에서 멀어진 깔방석이나 지팡이를 끌어오기도 하고 일어설 때 힘을 빌리기도 한다.

 겨우내 창고에서 잠을 자던 엄마의 호미가 밖으로 나왔다. 뭉툭하게 닳았으나 날렵한 엄마의 호미. 당신 앞에는 터앝에 심을 고추와 가지, 토마토, 오이, 호박 모종이 두 개씩 짝을 이뤄 얌전히 기다리고 있다. 엄마는 당신의 굽은 다리 같은 호미를 터앝으로 던지고 무릎걸음으로 다가갔다. 흙먼지 터느라 걷어 올린 일바지 아래로 호미처럼 굽은 엄마의 오른쪽 다리가 앙상하게 드러났다.

 엄마의 질곡한 생은 일곱 살 때, 당신의 옆구리로부터 시작되었다. 어린 엄마의 몸에 종기가 꽃처럼 피어났다. 종기는 시나브로 커져 급기야 옹저(癰疽)가 되어버렸다.

무던한 엄마가 고통을 참고 견딘 대가로 받은 건 불편해진 몸이었다. 망구의 엄마는 그렇게 당신의 오른쪽 다리가 낫처럼 기역으로 굽어 굳어버리는 것을 지켜봤다고 했다.

엄마는 칠 남매 중 맏이다. 맏이가 흔들리면 집안이 들썩인다는 옛말이 있다. 타고난 성향과 함께 자리도 사람을 만드는 데 한몫한다. 엄마가 그 몸으로 누구도 근접하지 못할 강인한 정신력의 소유자가 될 수 있었던 것은 맏이라는 자리의 힘도 있었을 것이다.

엄마는 자신의 고통과 맏이의 무게를 견디고 버티는 것으로 이겨냈다고 했다. 기역으로 굽은 다리를 끌고 김을 매고 물레를 잣고 방아를 찧어 밥을 했다. 무시로 베틀에도 앉았으며 틈틈이 어린 동생들까지 챙겼다. 학교는 꿈도 꾸지 못했으나 학교 다니는 아우들 덕분에 그들 등 너머로 한글도 깨쳤다.

수십 년 동안 농사부터 대소사, 시사, 상식에 이르기까지 보고 들은 것들을 적바림할 수 있었던 것은 그 끈기 덕분이었다는 말을 들은 적이 있다. 받침도 틀리게 삐뚤

빼뚤 적어놓은 메모 속의 글자들은 지금도 엄마의 서랍 속에 역사로 쌓여가고 있다.

　엄마는 스물넷에 육십 리 길을 돌아 아버지에게 왔다. 방물장수였던 친척이 중매를 섰다. 가난하지만 무엇보다 사람 됨됨이가 그만이라는 말에 얼굴도 안 보고 한 결혼이었다. 하지만 결혼이 엄마를 편하게 해 준 것은 아니었다. 아버지는 열심히 일했지만, 자신의 것을 챙길 줄 모르고 순하기만 하고 허약했던 양반이라고 했다. 얼굴도 생각나지 않는 나는 그저 아버지 등 뒤에 매달렸던 지게로만 당신을 기억할 뿐이다. 그런 아버지가 갑자기 세상을 떠났을 때, 일곱 살과 다섯 살, 두 살짜리 세 자매는 엄마의 굽은 다리에 매달린 모래주머니가 되었다.

　엄마는 삼십 년 가까이 해동갑으로 남의 논과 내 밭을 누볐다. 그러던 엄마가 손바닥이나 다름없는 서른 평에 기댄 것은 건강 때문이다. 원래 건강한 몸이 아니었던 데다 젊은 날의 혹사로 더 망가진 몸 때문에 논농사와 밭농사를 접고 텃밭으로 좁혔다. 그런데 나아지기는커녕 점점 더 악화하는 건강에 노심초사하던 몇 년 전, 엄마는 서른

평의 스무 배에 가까운 땅을 다시 어르고 달래기 시작했다. 그때 엄마에게 돌아온 밭은 이십여 년 가까이 다른 사람이 농사짓는 것을 바라보는 것만으로 뿌듯했던 땅이었다. 엄마는 평생 놀린 적 없는 밭이 작물 아닌 풀만 무성한 들판으로 전락하는 것을 두고만 볼 수 없다고 했다.

그해 돌아온 엄마의 일터는 우거진 참깨 숲이 되었다. 땅도 주인의 기척을 알아챘는지 흙뿐이었던 봄을 기억하지 못하게 변했다. 종처럼 매달린 꽃과 벙글기 시작하는 열매를 매단 참깨의 기다란 줄기가 벌말에 부는 바람 따라 흔들렸다. 전화할 때마다 "조석으로 저것들을 보고 있으면 정말 내가 심었나 싶어 뿌듯하다." 하실 땐, 몸도 땅도 그만큼 부려 먹었으니 좀 쉬게 해도 된다며 퉁바리를 놓곤 했는데 막상 내려가 그것들을 보고 있으면 콧날이 시큰해졌다.

훌쩍 자란 참깨가 어린 들깨 쪽으로 기울었다. 내가 알던, 내가 보고 자랐던 참깨밭의 모습이 저랬던가 싶었다. 가늘지만 단단한 참깨 줄기들이 열두 시와 한 시 사이를 오가는 엄마의 굽은 몸 따라 함께 흔들렸다. 참깨꽃처럼 올

망졸망 엄마 치마꼬리에 매달렸던 세 딸 중 나는 맏이다. 맏이였으나 무녀리 소리를 달고 살 만큼 허약하여 나이보다 어리게 볼 만큼 늦자랐다. 당알지지 못했던 나는 억척스러운 엄마를 보며 '난, 아마도 약하고 순해 빠졌다는 아버지를 닮았나 보다.'라는 생각을 그림자처럼 달고 살았다.

그런 내게 참깨밭은 피난처였다. 씩씩거리며 달려드는 개구쟁이 동생을 피해 숨었던 곳도 참깨밭이었고 서릿발처럼 지엄한 엄마의 꾸중이 무서워 도망친 곳도 참깨밭이었다. 숨고 도망쳤던 곳이 참깨밭뿐이었을 까마는 아직 기억이 생생한 것으로 보아 그곳이 내게 제일 만만한 숨을 곳이 아니었나 싶다.

그해부터였다. 참깨밭의 풀을 뽑던 엄마는 수시로 지팡이를 찾았다. 돌아온 땅은 그대로인데 늙고 병든 엄마는 지팡이 없이는 일어나는 일도 한 걸음 떼는 일도 힘들어졌다. 그런데도 손에 호미를 들고 쇠스랑을 꺼내고 괭이를 들었다. 할 일 없이 제자리 지키던 쇠스랑 자루가 녹슬고 부러지자 아예 새로 사기까지 했다. 전에는 없었던 밀차도 사고 조루를 바꾸고 호미와 삽 등속을 새로 들였다. 사람 몸도 이렇게 농기구처럼 한두 가지 정도는 바꿔 끼우면 오죽 좋겠냐는 탄식과 함께.

엄마는 땅과 사람은 놀아서는 안 된다고 생각한다. 그러니 남의 손에서 돌다가 당신에게 되돌아온 수백 평의 밭은 품에 안아야 할 또 다른 자식이나 다름없다. 그 땅은 아버지 생전에 엄마가 찾고 지켜낸 땅이었다. 당연한 권리 주장도 대놓고 못 하는 아버지 대신 나서서 '내 땅'임을 증명받을 수 있었던 용기는 우리 때문이었다고 했다. 덕분에 우리는 뿔뿔이 흩어지지도 않았고 굶지도 않고 엄마 곁에서 어른으로 잘 자랐다. 그러니 엄마에게 그 땅은 수천 평, 수만 평보다 값어치가 있다. 걷지는 못하더라도 뭉쳐 다니고 기어 다니며 땅과 한 몸이 되어서야 잠시라도 통증을 잊을 수 있다는 말을 과장이라 여길 수 없는 것은 그래서다.

엄마는 어깨관절이 녹았다는 의사의 선고에도 고관절이 제 자리를 벗어난 지 이미 오래되어 고칠 수 없다는 결과에도 땅을 외면하지 못했다. 움직이지 않으면 버틸 수 있는 근육마저 사라진다는 당신의 생각에 그 땅의 내력을 보태면 우리는 무조건 반대만 할 수도 없다. 그렇게 두어 해를 끌어안고 버티다 이젠 정말 놓아버린 엄마의 땅. 땅은 엄마의 고통을 잊게 하는 진통제와 같았다. 그 약은 흙에서 일할 때 효과를 발휘한다. 하지만 망구를 앞두고 더 심해진 통증을 견디기 어려워 고비 늙은 지금은 그도 무용하다.

"하늘이 땅을 품었을 땐 일을 하고 땅이 하늘을 품으면 쉬면 된다."라던 엄마. 이제는 그 어떤 약으로도 사라지지 않는 통증이 온몸에 길을 내고 있다. 그런데도 엄마는 손바닥만 한 터앝만큼은 놓치지 않을 것이라 다짐한다. 그게 당신의 남은 근육을 지켜줄 운동장이라고 믿기 때문이다. 뭉쳐 다니며 풀을 뽑고 절기에 맞춰 땅을 파 무엇이든 심으려는 이유이기도 하다.

어쩌다 자고 오는 밤에 밤새 들어야 하는 구불구불 밭고랑 같은 길고 느린 신음, 거기엔 엄마의 지난한 삶이 응축되어 있다. 그런데 엄마의 그 생(生)이 저물고 있다는 걸 우린 종종, 아니 자주 잊고 있다.

(2020)

누가 주인일까

"마늘종은 아침나절에 뽑아야 잘 나온다."

이웃집 아주머니의 한마디에 잠시 주춤거리지만, 시간을 맞출 수 없으니 어쩔 수 없다. 아침에 첫차를 타고 내려왔는데도 열 시가 넘었다. 오후 차로 다시 올라가야 하니 한낮에 그것들과 줄다리기를 하게 생겼다. 모자와 장갑에 토시, 마스크에 색안경을 꺼내 썼다. 마지막으로 장화까지 챙겨 신고 전사처럼 마늘밭으로 들어섰다.

살살 달래도 보고 단번에 끝내겠노라고 확 잡아당겨도 보지만 번번이 내가 지고 만다. 마늘종은 그 깊은 속을 쉽게 보이지 않고 질긴 쇠심줄처럼 잘 뽑히지 않는다. 가끔 뽀드득 소리를 내며 뽑히는 경쾌한 느낌에 더위도 아랑곳하지 않고 마늘밭을 누비고 다녔지만 잘린 것이 대부분이다. 빈틈없이 뽑았다고 생각했지만 지나간 밭을 돌아보니 옷차림만 요란한 가짜 농부를 비웃듯 뽑히지 않은 마늘종이 무수하다. 그래도 이만하면 되었다고 바구니에 가득 찬 마늘종을 농로로 내놓고 명아주를 뽑아내기 시작했다. 명아주는 줄기의 굵기와 상관없이 마늘잎이 누렇게 변하기 시작하면 여문 씨들을 밭에 뿌릴 것이기 때문이다.

　다음 순서는 마늘이 죽은 빈터를 점령한 풀 뽑기다. 호미를 들고 마늘이 죽은 밭 가운데로 가보니 봄까치며 괭이밥, 환삼덩굴, 주름잎, 바랭이, 쇠비름, 별꽃아재비에 닭의장풀까지 마치 잡초 박람회라도 열리는 것 같다. 먼저 잘 뽑히는 쇠비름과 닭의장풀을 뽑아내고 나머지는 호미로 파고 긁어냈다. 풀들을 한곳에 쌓아놓고 보니 뽑히지 않은 마늘보다 더 푸르고 싱싱하다. 더구나 요령도 없이 마늘종 뽑느라 힘을 다 써버린 내가 뿌리를 드러낸 풀보다 먼저 시들게 생겼다. 그래도 다시 살아나지 못하도록 퇴비장에 버리며 완전차단 시켰다고 생각했다. 하지만 마늘을 캐러 다시 가보니 내가 바삐 움직였던 몇 배의 속도로 풀들은 자라있었다.

여름은 작물이 잘 자라는 만큼 풀과의 전쟁이 따로 없는 계절이다. 얼마나 힘이 들면 싸움도 아니고 전쟁이라 할까. 콩 심은 데 콩 나고 팥 심은 데 팥 난다는 말이 있다. 하지만, 밭에는 뿌린 것만 나고 자라지는 않는다. 심지 않아도 저절로 나고 가꾸지 않아도 홀로 잘 자라는 것도 있다. 잡초는 사람의 보살핌을 거치지 않으니 용병처럼 더 강하게 뿌리를 박고 뽑히길 거부하며 번식을 위해 애쓴다.

인삼을 재배하는 친구가 새로 얻은 묵은 밭에 올해 처음 삼을 심었다. 그런데 그 밭에 심은 인삼보다 풀이 더 많이 나기 시작하더니 급기야 풀밭인지 인삼밭인지 모르게 변했다고 한다. 동네 어귀에 있는 밭이라 마을 사람들이 지나가며 보탠 말을 거름처럼 여긴 풀들이 기승을 부리자 친구가 일꾼을 얻어 잡초를 뽑아내기 시작했다. 하지만, 밭의 풀을 다 뽑고 돌아서 보면 다시 무성하게 자라있으니 풀의 볼모로 잡힌 것 같아 무서울 정도라고 한다. 꽃이 예쁜 괭이밥도 인삼밭에서는 골칫덩이일 뿐이라 밥만 먹고 나면 밭으로 달음질친다는데, 그 줄다리기가 언제 끝날까 싶다며 울상이다.

어릴 때 우리는 괭이밥을 고이셩이라고 부르며 연한 잎을 따서 씹으며 새콤한 맛을 즐겼다. 지금은 샛노란 작은 꽃이 예뻐 바라보게 되는데, 친구는 그 풀과의 전쟁에 진을 빼고 있다. 심지어 괭이밥 씨가 터지며 얼굴로 튀어 두드러기까지 돋아서 풀을 뽑고 난 다음 날이면 어김없이 병원에 가야 한다고 하니 고생이 말이 아니다. '빛나는 마음'이라는 꽃말이 무색하도록 괘씸한 괭이밥이 아닐 수 없다.

인삼밭에서는 인삼이 주인이라 다른 것들은 모두 잡초가 되고 마늘밭에서도 마늘 아닌 모든 것들은 잡초다. 작년에 그 땅의 주인이었던 들깨가 아무리 많이 나도 뽑아버려야 하고 논틀밭틀길을 보라색으로 물들였던 봄까치꽃에 아무리 설렜어도 작물 심은 밭에 나면 가차 없이 뽑아내야 하는 것은 그 때문이다. 우리 밭도 마늘을 수확하고 나면 다시 콩이 주인이 될 것이다. 하지만 친구의 인삼밭은 아직 몇 년은 더 인삼이 주인이어야 하는데 잡초들 입장에서는 몇 년 묵힌 그 밭을 먼저 차지한 자신들이 주인이라 여기고 있으니 당분간은 풀과의 전쟁이 계속될 것 같다.

오늘도 친구는 팔순을 넘긴 여섯 명의 할머니와 함께 그 밭에 매달렸지만 끝날 기미가 보이지 않는다고 전해 왔다. 풀들과 함께 먹고 살자고 할 수도 없는 농사, 앞으로는 풀들과의 전쟁에서 살아남은 작물들을 두고 비싸다는 말을 앞세우지 말아야겠다.

친정집에 올 때마다 말간 마당과 깔끔한 텃밭을 볼 수 있었던 것은 그곳에 있던 모든 풀이 엄마의 몸속으로 들어가서였다. 여름 한 철, 풀에 몰리지 않으려면 풀보다 부지런해야 한다. 손과 호미, 낫으로도 잡을 수 없는 풀들과의 전쟁. 풀을 잡아보겠다고 풀을 몰아본다는 어느

시인의 풀 모는 시를 떠올리며 마늘 캔 밭에서 나도 풀을 몰아낸다.

(2016)

호박을 타다

잊고 있었다. 자동차 트렁크 안에서 싹이 나겠다는 남편 말에 늙은 호박 한 덩이를 집안으로 들였다. 상자에서 꺼낸 호박을 이번엔 베란다 한쪽에 모셔두고 또 한참이 지났다. 마른 옷을 걷고 젖은 빨래를 널며 손으로 발로 두드려 통통, 통통 소리만 확인하기를 이주째. 드디어 날을 잡고 바닥에 신문을 두툼하게 깔았다. 늙은 호박이 일주일치 뉴스 위에 올라앉았다. 커다란 호박을 두 발로 고

정하고 흥부의 자세로 앉아 박 타듯 칼질을 시작했다.

한참 후, 반으로 갈라진 호박에 노란 꽃이 두 송이 피었다. 과육에 달라붙은 노란 거미줄 사이로 손톱만 한 씨가 금화처럼 매달려있다. 속을 긁어내니 통통한 씨앗들이 양손에 그득하다. 물에 씻은 씨를 채반에 담아 다시 베란다로 옮겼다. 이제 까기 좋게 적당히 마를 때를 기다리면 된다.

이번엔 두 개의 노란 바가지 같은 호박을 여덟 조각으로 나눴다. 한 조각은 호박죽을 끓이고 네 조각은 호박차를 만들기 위해 납작납작하게 썰어 건조기에 널었다. 남아있는 세 조각은 비닐봉지에 하나씩 넣었다. 투명한 봉지 안의 호박 색깔이 잘 익은 망고처럼 먹음직스러웠다. 그날 모임에 나가며 챙겨간 호박 조각을 지인들에게 하나씩 나눠줬다. 뜻밖의 호박 선물을 들고 웃는 언니들 얼굴이 마치 노란 호박꽃처럼 고왔다.

친정집이 간이역이 된 지 오래다. 그렇게 바람결에 스치듯 잠깐 들렀다 오던 친정집에서 하룻밤 자고 왔던 날,

호박의 급성장을 지켜봤다. 뽑혀버릴 뻔했던 호박 줄기의 대기만성은 놀라웠다. 잎만 무성하고 수정이 되지 못한 채 떨어지는 꽃들에 지쳐 외면당했던 그 호박이 맞나 싶을 만큼 큰 변화였다.

잎을 헤쳐 보니 크기가 제각각인 호박을 주렁주렁 매달고 있었다. 얼마 전만 해도 호박 따 먹기는 글렀다 했던 게 믿어지지 않았다. 엄마는 가물었던 여름내 물주고 퇴비 묻어주며 심지어는 홍삼 찌꺼기까지 묻어줬다고 했다. 주인의 정성을 모른 체한다며 서운해했던 엄마는 그래도 '뽑아버려야 하나.'라는 말은 입 밖에 내지 않았다고 했다. 그런 마음을 알아챘을까. 이젠 날마다 호박 따는 일이 일상이 되었다고 하니 알 수 없는 호박 세계였다.

전날 본 호박의 크기는 다음 날 아침이 되자 눈에 띄게 커졌다. 그런데 어린나무들 사이에 심은 호박뿐이 아니었다. 씨를 버린 퇴비장에서 싹을 틔운 호박은 애지중지 키운 호박보다도 더 잘 자랐다. 그날 아침, 밭과 퇴비장 호박 숲에서 애호박 몇 개와 호박순까지 한 바구니 땄다. 보물처럼 누렇게 익은 늙은 호박도 두어 개나 찾아냈다.

호박을 타다

호박잎만 보면 도리깨침을 삼키는 남편을 위해 호박잎을 욕심껏 따왔다. 집에 오자마자 호박잎의 줄기를 벗겨낸 후 베 보자기를 깔고 잎을 쪄냈다. 호박잎은 금방 숨이 죽어 진녹색으로 바뀌었다. 쪄낸 호박잎을 손바닥 위에 얹고 한해 전에 받아온 호박씨를 볶아 넣은 강된장에 밥까지 얹으니 다른 반찬이 필요 없었다.

나중에 보니 호박잎이 아니라 호박을 넝쿨째 먹고 있었다. 줄기 끝에 작은 호박이 두어 개씩 매달려있어서다. 수꽃과 암꽃 달린 호박 줄기가 입으로 들어갔다. 그냥 두었다면 잘 자라 애호박이 되고 그중 몇 개는 늙은 호박도 되었을 것이다. 그러니 앉은 자리에서 호박을 몇 통이나 먹은 셈이다.

호박은 서로 경쟁하듯 쌈용으로 잘라내고 애호박을 따고 따내도 꿋꿋하게 자리를 넓혀 주변을 모두 호박밭으로 바꿔버렸다. 덕분에 우리는 한동안 호박잎을 밥 먹듯 싸 먹고 애호박 만찬도 이어갔고 남은 호박은 지인들과도 나누어 먹었다.

호박은 그 후로도 한동안 시골에 내려갈 때마다 냉장고

채소 상자에 몇 개씩 들어 있곤 했다. 어떨 땐 뒷집 아저씨까지 양손 가득 호박을 들고 오셨다. 그 댁 퇴비장도 친정집처럼 호박넝쿨 세상이다. 아저씨네 퇴비장은 친정 것보다 더 넓고 크고 높다. 그래서 호박넝쿨이 마치 초가집 지붕을 타고 올라가는 박 같다. 호박은 우리 집으로 가장 많이 왔다. 밭에서, 냉장고에서 그동안 내가 따거나 받아다 먹은 애호박부터 늙은 호박까지의 무게는 얼마나 될까.

  썰어 널었던 호박이 잘 말랐다. 약한 불에 마른 호박 조각이 바삭해질 때까지 여러 번 덖어냈다. 그중 몇 조각을 뜨거운 물에 넣으니 금방 노란 치자 물처럼 변한다. 호박 조각이 뱉어내는 노란 물이 찻잔까지 노랗게 물들인다. 호박 차를 보고 있으니 딸기밭을 뒤덮으며 매실나무를 감싸고 퇴비장을 뒤덮던 호박넝쿨을 보는 것 같다. 호박 냄새 가득한 차를 마시며 이번엔 적당히 마른 호박씨를 까기 시작한다. 올해 호박 생의 종착역이다.

(2020)

담

내가 사는 아파트 단지에는 담이 있다. 요즈음은 있던 담도 허무는 데 싶어 처음에는 좀 낯설었다. 그런데 산책하며 보니 담의 모습이 정겹다. 삐죽삐죽 튀어나온 돌과 붉은 기와를 올린 지붕이 마치 공원의 인공 암벽 등반장 같다.

한껏 멋을 낸 담은 차가 다니는 도로와 경계를 이루는 지역에만 있다. 그러니 철조망이나 나무 울타리를 세우게 되면 무단으로 넘으며 길이 생길 것을 염두에 둔 것인지도 모르겠다. 간혹 정류장으로 바로 나가는 쪽문을 기대하다가도 담장 위에 앉아있는 어치나 직박구리, 박새를 보면 나무숲을 지키는 담장이 고마워진다.

아주 오래전 친정집에는 토담이 있었다. 토담은 내가 초등학교 다닐 무렵에 헐렸다. 그리고 그 자리에 튼튼한 벽돌담을 쌓았다. 가끔 그 벽돌담이 생각난다. 벽돌은 집 근처 냇가에서 모래와 시멘트를 섞어 만들었다. 벽돌이 마르면 어른들은 손수레에 실어 날랐고 우리도 고사리 손을 보탰다. 농사일이 바쁘거나 비가 오면 쉬기도 했다. 그러니 담은 하루 이틀 만에 쉽게 쌓은 것이 아니었다.
온 가족의 품이 들어간 담장이 완성되던 날, 꼭대기에는 벽돌이 가로로 누웠다. 방안에 서면 가운데 뚫린 벽돌의 눈[目]으로 밭틀길과 이웃집이 둥글게 보였다. 벽돌담은 자연스럽게 마당과 텃밭의 경계를 이루었다. 그 담에 장미 넝쿨이 올라갔다. 장미 넝쿨 아래는 채송화며 과꽃, 풍접초를 심은 작은 화단도 만들었다. 장미 주변으로는 넝쿨 강낭콩 줄기가 올라갔다. 콩은 담장 위 구멍 뚫린 벽돌에 묶어둔 줄을 타고 자라며 담을 뒤덮었다.

강낭콩이 자주색 꽃을 피우고 열매를 맺어 여물면 한 줌씩 따다가 밥에 넣어 먹었다. 밤 맛이 났던 넝쿨 강낭콩을 우리는 울타리콩이라 불렀다. 친정엄마는 해마다 잘 여문 울타리콩을 종자로 챙겨 두었다. 그리고 다음 해에 같은 자리에 심곤 했다. 담이 없는 지금도 울타리콩은 집 주변에 세워둔 지지대를 타고 오르며 꽃을 피우고 열매를 맺는다.

처음엔 맑은 회색이었던 담이 수채 주변부터 녹색 이끼를 머금으며 천천히 나이 들어갔을 때, 오래된 흙집을 헐고 집을 새로 지었다. 그때 벽돌담이 없어졌다. 그런데 신기하게도 담이 없으니 집 주변 온갖 것들이 담이 되었다.

겨울에는 나목인 매화나 자두나무가 담이 되고 봄에는 수선화나 지면 패랭이, 개나리, 철쭉이 낮은 담이 되었다. 그 뒤를 이은 금낭화나 백합, 칸나, 천일홍과 키 큰 해바라기까지 담의 모습은 수시로 변했다. 어느 때는 텃밭도 되고 논틀길이나 하늘이 되기도 했다. 그러니 빨간 벽돌집의 담은 계절과 바라보는 사람의 시선에 따라 늘 다르다.

　내게 가장 멋진 담은 오월에 피는 불두화다. 이웃이 갖다줘서 심었다는 불두화는 텃밭 앞 전봇대 곁에 있는데 해마다 초파일을 전후하여 핀다. 불두화의 꽃을 자세히 보면 하얀 고깔 같다. 그래서 '승무화'라고 부른다. 또, 사발 같다고 '사발 꽃'으로도 불린다. 북한에서는 '큰 접시꽃'이라 부르는데, 서양에서는 눈덩이 같다고 '스노우볼 트리'라 부른다. 부르는 이름도 다양한 불두화는 무성화라서 씨를 맺지 못해 꺾꽂이로만 키울 수 있다.

　부처님 머리를 닮아 '불두화'로 불리는 이 나무의 잎은 세 갈래로 갈라져 있다. 갈라진 세 잎은 각각 불(佛)·법(法)·승(僧)을 상징한다고 한다. 또 처음엔 연둣빛이다가 차츰차츰 환한 흰색으로 변화하는 불두화의 꽃말은 제행무상(諸行無常)이다. 우주 만물은 시시각각으로 변화하여서 한 모양으로 머물러 있지 않다는 것인데, 계절마다 담이 되어주는 친정의 꽃과 나무가 그와 같다.

올해도 불두화가 탐스럽게 피었다. 창문을 열고 꽃을 바라보는데 불두화 곁에 새로운 것이 보인다. 몇 년 전에 심었다는 더덕이다. 올해는 제법 자라서 전봇대 줄을 휘감고 올라가기 시작한다. 이제 조금 있으면 돼지감자가 비온 뒤 대나무처럼 키를 세울 테고 울타리콩과 여주도 한 자리 차지할 것이다. 딱 거기까지가 엄마가 여러 가지를 심고 가꾸는 터앝이다. 그러니 그것들이 이 여름의 담이다.

변화하지 않는 것보다 변화하는 것이 낫다는 말이 있다. 이 시대에 맞는 말인데 난 늘 변화를 겁내 주춤댄다. 그런데 친정에 와서 만나는 나무와 식물의 변화는 늘 반갑다. 매화와 수선화, 철쭉, 불두화, 천일홍, 백합이 엄마를 지키는 담 같아서다. '내겐 저것들이 삶의 낙'이라는 엄마의 꽃과 나무가 다음에 내려갔을 땐 어떤 모습일지 늘 상상한다.

앞으로 오래오래 건강한 엄마와 함께, 엄마를 지키는 담 같은 나무와 꽃들을 보고 이야기 나눌 수 있다면 더 바랄 것이 없겠다.

(2019)

콩

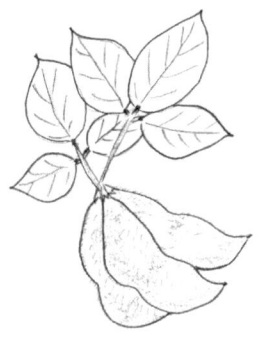

두부는 들기름을 뿌려 굽고 볶은 쥐눈이콩은 참기름과 소금으로 무쳤다. 밥밑으로는 시골에서 가져온 완두콩과 강낭콩을 넣었다. 삶아서 껍질 벗겨 냉동실에 넣어두었던 시래기를 꺼내 된장국을 끓이며 날콩가루를 넣었다. 냉장고 안에서 꺼내지 않은 콩조림까지 올린다면 그야말로 저녁 밥상은 콩 세상이다. 점심엔 콩국수를 해 먹었으니 종일 콩콩이다.

콩을 챙겨 먹기 시작한 지 그리 오래되지 않았다. 어릴 때는 밥에 들어 있는 콩을 골라냈다. 살림을 하면서도 친정엄마가 챙겨준 콩을 다음 해까지 남긴 게 부지기수다. 나를 닮아 아이들도 콩을 좋아하지 않아 딸은 지금도 콩밥, 콩 반찬을 그리 반기지 않는다.

그런 내가 언제부턴가 콩을 챙겨 먹기 시작했다. 흰머리에 좋다는 정보 덕분인지, 식물 단백질의 필요성을 느껴서인지 알 수 없다. 콩요리전문점에서 밥을 먹으면 비지도 살뜰히 챙겨다 비지찌개도 해 먹는다. 여름엔 콩국을 수시로 만든다. 몇 년도라는 이름표를 붙인 쥐눈이콩 몇 년치가 냉동실에 쌓여있었는데 그걸 한 해 여름에 몽땅 콩국수로 해치웠던 적도 있다. 콩조림은 이제 밑반찬 단골 메뉴가 되었다.

가만 생각해보니 아무래도 시골에서 콩을 심고 수확하는 일을 거들며 콩과 가까워진 것 같다. 전에는 챙겨주신 것만 날름 받아오다가 점점 거동이 불편한 엄마를 도우면서부터 콩과 친해진 것도 같다. 두어 해는 백여 평이 넘는 밭에 콩을 심고 수확하는 일도 거들었지만, 지금은 텃밭으로 줄였으니 진짜 농사꾼이 본다면 소꿉놀이 같겠다. 하지만, 아무리 텃밭이라도 심고 가꾸는 공력은 다르지 않았다.

어제는 주말에 걸쳐 전국에 장맛비가 내릴 거라던 예보가 살짝 비껴갔다. 덕분에 지난주 만들어드린 전동차 창고 마무리와 콩밭 풀이라도 뽑자며 친정으로 달려갔다. 그런데 도착하자마자 부슬부슬 비가 오기 시작하더니 그쳤다 내리길 반복했다. 밖을 내다보니 이 정도 비는 아무것도 아니라는 듯, 뒷집 아저씨는 고라니가 두렁콩을 먹지 못하도록 줄을 띄우고 아랫말 아주머니는 오토바이에 들깨모종을 한가득 싣고 와 마늘 캔 밭으로 들어갔다.

창문으로 내다보니 유실수 아래 무성하게 자란 풀도 그렇고 콩밭 고랑과 두둑을 덮어가는 풀의 기세가 심상찮았다. 나도 호미를 들고 나섰다. 예전의 엄마는 풀이 저 정도로 자라도록 두지 않았다. 그만큼 엄마의 건강이 나빠졌다. 풀을 볼 때마다 '저걸 매야 하는데.'라며 조바심칠 모습이 눈에 선하다. 비 온다고 만류하는 엄마께 콩을 내가 심었으니 풀매기는 사후봉사라고 우기며 나선 이유다.

나가보니 마늘 뽑고 심은 지 한 달 정도 되는 콩밭에도 일주일 전에 과일나무 아래 모종을 옮겨심은 콩 주변에도 풀들의 기세가 만만찮다. 콩밭보다 먼저 손을 보자고 나무 아래로 먼저 들어갔다. 그러나 호기롭게 나선 것까지는 좋았으나 복병은 비가 아니었다. 나무 아래 무성하게 자란 바랭이는 뿌리끼리 엉켜 쉽게 뽑히지 않았다. 여러 번의 호미질 끝에 뽑아내니 이번엔 쥐며느리 군단이 쏟아져 나와 사방으로 흩어졌다. 저들보다 내가 혼비백산하게 생겼는데 다행히 목이 긴 장화를 신은 덕분에 도망은 가지 않고 버텨냈다.

겨우 풀을 뽑아내고 콩밭으로 옮겼는데 이번엔 콩 줄기가 꺾일 것 같아 맘대로 움직일 수가 없다. 콩을 심은 지 한 달, 두어 번은 풀을 뽑아냈는데도 어느새 풀밭 세상이다. 쇠비름과 명아주며 괭이밥에 바랭이까지, 올해는 민들레까지 가세했다. 지난번 동생이 민들레를 한 바구니 뽑아 김치를 담가 나누어 줬는데 금세 새로 자랐다.

콩밭은 지난 유월 하순까지 마늘밭이었다. 이름만 마늘밭이었을 뿐, 세 두둑에 심은 마늘은 거의 다 죽어 반타

작도 못 했다. 죽은 마늘을 풀 뽑듯 쑥쑥 뽑아내고 그 밭에 콩을 심었다. 손을 재게 놀린 덕분에 금방 심었다고 뿌듯해했는데 며칠 후, 거친 일 처리가 들통났다. 콩이 나기도 전에 풀이 고개를 든 까닭이다.

엄마가 심은 두둑과 내가 심은 두둑이 극명하게 차이가 났다. 나는 고라니처럼 겅중대며 구덩이를 파고 콩 서너 개씩 집어넣고 흙을 덮는 일에만 열중했다. 내가 두 두둑을 심는 동안 엄마는 작은 풀까지 뽑아내며 정성 들여 한 두둑을 심었다. 기계처럼 호미로 구덩이를 파고 콩알을 세서 집어놓는 일에만 열중한 내게 풀이 눈에 들어왔을 리 없었다.

그래도 콩이 잘 나서 다행이라 했더니 이번에는 풀보다 먼저 비둘기가 성화를 부린다고 했다. 조석으로 망을 봐야 한다며 자식들 전화도 안 받았다. 새들도 일과가 있는지 꼭 시각을 정해놓고 나타나 막 나기 시작한 싹을 싹둑 잘라 먹거나 뽑아버리니, 공생은 애초에 글렀다며 속상해했다. 그나마 지켜낸 콩들은 고라니의 표적이 되어 이젠 손바닥만 한 텃밭도 건사하기 힘들게 되었다고 한숨을 얹었다. 그래도 모종을 옮겨심으며 가꾼 콩밭이 지금은 빈틈없이 푸르다.

  잘 자라 흐뭇하지만, 이번엔 또 열매를 잘 맺을까 노심초사한다. 전에도 콩이 열매는 맺지 않고 콩잎만 무성하게 자라 결국 갈아엎었던 적이 있어 거둬들일 때까지 마음을 놓지 못한다. 그땐 이유를 알 수 없어 했으나 올해는 비 탓을 할 일이 생길지도 모르겠다. 그러니 해가 갈수록 콩 한 알이 소중해질 수밖에 없다.

(2020)

푸른 기와집 감나무

 그 집은 처음부터 푸른 기와집이었을까? 마늘을 심다가 문득 들었던 생각이다. 그러고 보니 우리 집이 이엉을 엮어 올릴 때도 초가지붕을 걷어내고 함석으로 바꿀 때도 빨간 벽돌집으로 지을 때도 그 집은 늘 푸른 기와집이었다.
 오래전 그 집엔 할머니가 사셨다. 내가 결혼할 무렵 할머니는 작은아버지를 따라 도시로 나가셨다. 그 뒤로 주

인이 몇 번 바뀌었다. 지붕 빼곤 모든 게 변한 지금은 부지런한 김 씨 아저씨가 주인이다. 하지만, 삼십여 년이 지났어도 저물녘 노을에 물드는 푸른 기와를 보면 할머니 계시던 옛집 같다.

마루 아래 봉당을 내려와 가라앉은 마당은 두부처럼 네 모났었다. 부엌과 사랑방 사이에는 커다란 뒤주가 있고 곳간을 등에 업으며 펌프를 돌면 쪽문이 나왔다. 쪽문을 나와 수채를 끼고 돌면 뒷간이었는데 거기 벽에는 족제비가 걸려 있었다. 작은아버지는 잡아 온 족제비를 거기다 걸어뒀다.

한 마리가 열 마리가 되고 그게 사라져도 한 마리는 남아있다고 여긴 건 처음 봤던 날의 기억이 그만큼 강렬해서였다. 풍성한 꼬리털과 작은 머리, 가죽뿐이라 눈이 보이지 않는데도 불구하고 나는 족제비의 눈을 봤다. 봤다고 믿었다. 그래서 구린 뒷간 냄새보다도 족제비가 무서워 볼 일이 급해도 참을 수 있는 데까지 참다가 집으로 돌아왔다.

지금은 펌프 대신 수도가 놓였고 뒤주도 사라지고 나무

마루도 없어졌다. 마당이 높아지니 지붕은 낮아졌고 솟을 문도 사라졌다. 또 향나무와 밤나무가 밑동만 남았다가 흙이 되었고 단풍나무도 베어졌다. 대신 감나무 세 그루가 아저씨와 함께 뿌리를 내렸다.

그 감나무가 올해 일을 냈다. 나무나 주인이나 깨깨 하기는 매한가지인데 올해 감나무는 부지런한 주인을 닮아가려고 작정이라도 한 것 같았다. 그간의 게으름을 퉁치듯 빈가지 찾기 어려울 정도로 많은 열매를 맺었다. 들일 나가던 아저씨가 들러 감 좀 따가라는 말을 하지 않았으면 그림 보듯 바라만 볼 뻔했다.

남편과 제부가 마늘밭 두둑을 부지런히 내더니 양파망을 하나씩 들고 경중경중 뒷집으로 향했다. 동서끼리 따온 감이 파란 망에서는 푸른빛이 돌고 빨간 망에서는 붉은빛이 났다. 우듬지의 감만 보고 따느라 터앞의 쪽파밭을 못 챙겼다고 실토하는 남편에겐 장모의 지청구가 떨어졌다. 하지만 남편은 그쯤은 달콤한 감 맛으로 상쇄되고도 남는다는 듯 천진하게 웃었다. 그리고는 쓰러진 파를 일으켜 세웠다고 어깨를 으쓱해 보이기까지 했다.

두어 접이 넘는 감을 따왔는데도 감나무는 여전히 빈틈이 없었다. 아저씨도 발에 밟힌 쪽파를 보고서야 감을 따 간 줄 알았다고 할 정도였다. 아저씨는 그 뒤로도 한동안 화수분에서 보물 꺼내듯 수시로 감을 땄고 그 감은 바구니와 자루에 담아 이웃집과 동네 사람들에게로 날랐다고 했다. 올해 수령 오백여 년이 된 상주의 하늘 아래 첫 감나무에는 삼천여 개의 감이 열렸다는데 푸른 기와집의 감나무 삼 형제는 몇 개의 감을 내놓았는지 궁금해질 정도다.

그렇게 고옥(古屋)으로 가는 푸른 기와집은 올해도 세 그루의 감나무를 품은 내력(耐力)으로 또 한 겹의 내력(來歷)을 쌓았다.

(2019)

다슬기국 2

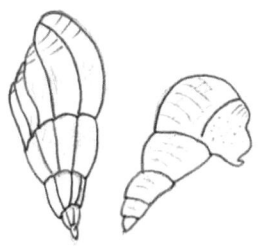

 산 아래 주차장에 장이 열렸다. 새벽에 산에 오를 때는 텅 비었던 곳인데 낯설다. 차를 타러 내려가며 천천히 구경한다. 호객 중인 분들의 물건을 보니 이름표는 같으나 생김새가 조금씩 다르다. 구경하는 재미가 쏠쏠하여 한 바퀴를 더 돌았다. 물건은 표고며 땅콩, 고추 부각, 건나물 등이 주를 이룬다.
 그 가운데 한 사람이 시선을 끈다. 판매원들 가운데 단

연 돋보이는 차림새다. 성(性)이 다르고 파는 물건도 다르니 사람들의 이목을 끈다. 복숭아뼈를 감싸고 무릎 아래까지 올라온 장화는 흙투성이다. 갈걍갈걍한 모습의 아저씨는 일하다 나온 듯 옷에 먼지가 보얗고 얼굴은 검게 탄 데다 불콰했다.

급히 나온 것 같으니 판매대는 트럭이고 땅바닥이다. 우선 고춧대가 트럭 적재함에 쌓여있다. 한눈에 봐도 싱싱하다 했더니 밭에서 바로 뽑아 왔다고 한다. 붉고 푸른 고추가 탐난다. 삭힌 고추 만들기에 적당한 크기고 잎까지 먹을 수 있을 정도다. 그런데 사려면 직접 따서 가져가란다. 불친절한 판매 방식이다. 그래도 팔린다.

어느새 두 여인이 한 무더기를 바닥에 쌓아놓고 고추를 따기 시작한다. 아깝다고 고춧잎까지 훑어 담는다. 갈등하는 나를 보던 남편이 팔을 잡아끈다. 조금만 더 있었더라면 나도 한 무더기 샀을 것이다. 아저씨 앞에 놓인 다슬기 그릇만 아니었어도 말이다.

타원형 고무 통에 들어있는 다슬기를 보니 어머니가 해주시던 다슬기국 생각이 났다. 반가워서 나도 모르게 얼마냐는 말이 튀어나왔다. 덜컥 달라고는 했으나 실패할까 봐 한 그릇만 샀다. 아저씨는 인심이라며 덤으로 두어 주먹 더 넣어주었다.

집에 오자마자 다슬기부터 넓은 그릇에 쏟았다. 잘았다. 껍질이 잔뜩 짚어진 이끼를 보니 손질이 쉽지 않게 생겼다. 고무장갑을 끼고 흐르는 물에 박박 문질렀다. 금방 검푸른 물이 다슬기를 삼켜버렸다. 몇 번 씻어내고 깨끗한 물을 받아 뚜껑을 덮어두었다. 서너 시간 후 뚜껑을 열어보니 다슬기가 그릇을 타고 오르며 해감을 잔뜩 해놓았다. 벽에 붙은 다슬기들이 《꽃들에 희망을》에서 본 애벌레 기둥 같아 금방 씻지 못하고 한참을 바라봤다.

씻고 해감하기를 서너 번 거치고 나니 그제야 어머니가 샀던 다슬기 빛깔이 나왔다. 그러는 동안 남편은 언제 먹나 싶은 얼굴로 다슬기 그릇을 자꾸 들여다봤다. 어머니는 고향 근처 식당에서 해감까지 마친 것을 사서 깨끗했다. 그래서 준비 과정도 짧았다. 그러니 남편이 언제 먹을 수 있느냐고 보챌 만도 했다.

다음 날 아침에야 물에 된장을 풀어 다슬기를 삶았다.

살을 발라내려고 보니 혼자서는 엄두가 나질 않는다. 바늘과 작은 물그릇 두 개를 준비해놓고 도와줘야 빨리 맛볼 수 있다는 말로 남편을 불러다 앉혔다. 양도 적고 크기도 작으니 손실 없이 깨끗하게 해야 한다. 왼손으로 다슬기를 집어서 오른손에 든 바늘로 다슬기 모양 따라 돌돌 뽑아낸다. 껍질을 버리고 이번엔 놓고 있는 왼손 엄지로 뚜껑을 떼어내 물그릇에 버리길 반복했다. 그렇게 빠른 손과 느린 손의 합작으로 반 대접 정도의 속살이 나왔다. 공을 들여서인지 살보다 훨씬 많은 수북한 빈 껍질도 아깝다.

이제 국을 끓일 차례다. 냄비에 알배기 배추랑 부추와 다진 청양고추, 발라낸 다슬기 살을 순서대로 넣었다. 다슬기 양이 적다고 물을 많이 잡지 않았더니 국물이 짙푸른 바다색이다. 파란 물감을 풀어놓은 것 같은 국물을 먼저 눈으로 보고 숟가락을 넣어 휘휘 저어 맛을 봤다. 쌉쌀한데 맛있다. 남편은 반찬도 필요 없다며 새로 지은 따뜻한 밥에 다슬기국 한 그릇을 뚝딱 해치웠다.

국을 먹으면서 나는 노년의 어머니가 끓여주었던 다슬

기국을, 남편은 중년의 엄마가 끓여준 다슬기국 이야기를 했다. 추억은 달랐지만 같은 맛을 느꼈던 어머니 표 다슬기국. 그 어머니가 이제 망백이다. 문득, 더 늦기 전에 어머니께 다슬기국 한번 끓여 보내드리면 좋겠다고 생각했다. 손품에 시간 품도 들고 맛도 장담 못 하지만 다슬기를 살 때처럼 갑자기 든 생각이다. 그런데 어디 가서 아저씨가 팔던 것 같은 다슬기를 살 수 있을까.

(2019)

감나무

어머니댁 마당에 감나무가 한 그루 있다. 콘크리트 바닥에 우뚝 선 작은 화단 안이다. 그곳에 뿌리를 내리기 시작한 감나무는 동백나무와 함께 경쟁하듯 자라 작은 마당의 하늘을 덮었다. 해거리하느라 시들시들 몸살도 앓았지만, 계절 따라 부는 바람을 걸러내며 용케 버텼다. 시나브로 자란 잔가지들은 담을 넘어 골목을 기웃거리면서 해마다 그늘의 평수도 넓혀나갔다.

늦봄에는 소리 없이 연둣빛 새잎을 틔웠고 여름이면 무성한 녹색 이파리가 차일(遮日)처럼 하늘을 가렸다. 가을엔 감이 익어가는 것과 동시에 이파리가 낙화처럼 떨어져 내렸다. 마당 안팎에 떨어진 붉은 낙엽이 융단처럼 깔리면 어머니는 조석으로 쓸어 모아 자루에 담아서 감나무 곁에 세워 놓았다.

어머니의 하루는 감잎을 쓸고 모으는 일로 시작해 그 일로 끝났다. 잎이 다 떨어지고 나면 거미줄 같은 잔가지들 사이로 하늘이 보였다. 감나무가 마지막 몸서리로 남은 잎을 털고 잔가지를 쳐내면 나무와 어머니는 한 해를 마무리했다. 그제야 감나무는 동면에 들었다.

그 감나무 옆 담벼락이 가뭄에 논바닥 갈라지듯 조금씩 벌어지기 시작한 것은 몇 해 전 일이다. 담 너머로 슬슬 가지를 넘기던 감나무 뿌리가 단단한 시멘트까지 집어삼켰다. 뿌리의 용트림에 벽돌담은 조금씩 속을 드러내며 자기 자리를 내주기로 작정한 듯했다. 담을 손보거나 나무를 잘라 내거나, 대책이 필요했다.

감나무가 자리 잡기 전, 집안에 나무라고는 화단 맞은

편 겹동백뿐이었다. 어느 날 아버님이 무릎 높이의 화단에 감나무 묘목을 사다 심었다. 남편은 아버님이 당신 것 말고 유일하게 사 들고 오신 것이었다고 말했다. 나무는 몇 년 후부터 열매를 맺기 시작했다. 그리고 나무가 수직으로 쑥쑥 자라는 동안 아버님은 시름시름 수평의 삶을 유지했다. 어머니는 젊어서 아버님의 옷 푸새와 다림질에서 놓여나질 못했고 그때부터는 아버님 고수련으로 당신을 잊고 살았다.

어머니는 예나 지금이나 마당 한 곳에 뿌리내린 감나무처럼 집만 아는 분이다. 결혼하고 지금까지 오직, 집과 밭과 가족들 곁에서만 종종댔다고 했다. 아버님은 바람이 되어 어머니를 흔들어댔으나 당신은 그저 받아내고 걸러낼 뿐이었다고 했다. 평생을 그리 사셔서인지 아버님이 안 계신 지금도 어머니는 집밖에 모르신다.

가을만 되면 낙엽 쓰는 일로 세월 보낸다고 푸념을 자루에 함께 담던 어머니는 그 귀찮음은 잊은 듯 나무도 살리고 담을 지탱시키는 쪽으로 결정을 보았다. 단단한 벽 돌담도 밀어낸 감나무의 승리다. 어머니는 나무를 살리기 위해 주머닛돈을 털었고 일주일간의 공사 끝에 오래된 벽돌 담은 감나무를 껴안고 산뜻한 모습으로 추석치레를 했다.

공사 후 감나무는 골목 쪽보다는 마당 안으로 더 많은 가지를 늘어뜨리고 있다. 나이를 삼킨 둥치엔 어머니의 주름처럼 골이 깊다. 우듬지라 할 것도 없이 고만고만한 높이와 넓이로 늘어진 가지에는 감이 주렁주렁 매달렸다.

어머니는 담장 수리 때문에 몸살이라도 앓았는지 올해는 많이 열리지 않았다고 했다. 하지만 어쩌다 가서 보는 내겐 풍년이다. 옥상으로 올라가는 계단에 서서 팔을 뻗어 노랗지도 그렇다고 푸르지도 않은 감 하나를 땄다. 수건으로 문지르니 반드르르 윤기가 난다. 한입 베어 물어본다. 생각보다 달다. 옥상에 올라갔던 식구들이 장대로 딴 감을 봉지 가득 채워 내려왔다. 아직 푸른빛이 남은 감을 식구마다 하나씩 집어 들고 습관처럼 감나무를 바라본다. 생긴 것과 달리 맛있다고 한마디씩 하며 또 감나무를 올려다본다.

감잎의 색이 푸르고 붉은 경계에 있던 날, 처음이자 마지막으로 아버님의 머리를 염색해드렸다. 그날 병색이 짙은 아버님의 얼굴은 감잎 같았다. 아버님은 화단 위의 감나무처럼 속을 알 수 없는 분이었다. 무엇을 해드려도 '허허' 웃으시면 그뿐이었다. 오 남매 누구도 아버지의 사랑을 받았다고 생각하는 자식은 없었다. 또 누구도 아버님으로부터 선물을 받아본 적이 없다고 했다. 나는 아버님이 가장 사랑하신 것은 당신 자신이 아닐까 생각했다.

아버님은 어려서는 할머니의 그늘에서, 결혼해서는 어머니의 지극한 정성으로 허리를 꼿꼿하게 펴고 사셨다. 많은 전답을 날리고 직업이란 걸 제대로 가져본 적 없어도 집안에서 아버님의 위치와 권위는 흔들림이 없었다고 했다. 그런 아버님이 돌아가시기 전, 딱 한 번 며느리들에게 세뱃돈을 주셨다. 나는 그때 받은 빳빳한 천 원짜리 세뱃돈을 지금도 가지고 있다. 한 번도 무엇으로든 마음을 표현한 적 없는 분이 며느리에게 주셨던 처음이자 마지막 선물이었다.

얼마 전, 동서가 겨울 비타민이라면서 감을 보내왔다. 어머니 집의 감나무에서 딴 것이었다. 추석 때 미리 맛본 것과는 비교가 안 될 만큼 빛깔도 고와졌고 단맛도 더 났다. 그 감을 오 남매의 집으로 골고루 보냈다는 전언이다.

　감을 먹을 때마다 아버님을 생각한다. 곰곰이 생각해보면 아버님이 남긴 가장 큰 선물은 살아있는 감나무가 아닐까 싶다. 과일 중에서도 감을 가장 좋아하는 남편을 보고 있으면 그런 생각이 더 든다. 벽돌담도 밀어낼 가공할 힘을 가진 감나무의 뿌리, 수리를 마친 벽돌담과 아무 일 없었던 듯 무심히 제자리 지키는 감나무가 마치 아버님 같다.

　감나무가 좁고 척박한 땅에 자리 잡은 후로 가장 맛있고 많은 열매를 맺었다. 올해도 감잎 쓸어낼 일을 걱정하는 어머니, 아버님 살아계실 때 반찬 걱정으로 이젠 가을이면 감잎 쓸 일로 걱정바람 잘 날 없다.

　콘크리트 바닥 아래 땅속, 감나무 뿌리의 힘이 이 먼 곳까지 닿는 계절이다. 마치 살아생전, 아버님의 바튼 기침 소리와 함께 떨어지던 호통처럼. 아버님 닮아 통 큰 이백만 원짜리 추석빔을 얻어 입은 감나무. 감 하나씩 꺼내 먹을 때마다 가슴 속에 감나무 한 그루씩 자라는 것 같다.

(2017)

보리

벌써 일 년, 냉동실에 넣어둔 엿기름이 한 해를 났다. 새것을 받아다 넣으며 찾아낼 만큼 잊고 지냈다. 예전만큼 식혜를 자주 만들어 먹지 않으니 있었는지도 몰랐던 모양이다. 봉지를 열어보니 한 해를 묵어 색깔이 누렇게 변했다. 반면 햇것은 금방 새싹이라도 돋을 것처럼 푸릇푸릇하다. 양손에 들고 저울질하다 묵은 것을 도로 냉동실에 넣어두었다.

올해는 누렇게 익어가는 보리 이삭이 다른 해보다 더 풍성했다. 추운 겨울에도 꽁꽁 언 땅속에서 숨을 놓지 않았기에 그랬을 것이다. 보리는 시멘트로 포장된 농로와 수로 사이 한 뼘도 채 안 되는 좁은 공간에서 자랐다. 자리가 좁다 보니 경쟁하듯 무성하게 자라 빈틈이 없었다. 여름 무렵, 시골에 내려가니 떨어진 낟알까지 챙겨 깔끔하게 수확을 마친 보리가 마당 한켠에 쌓여있었다.

엄마의 탈곡은 넓은 자리를 펴놓는 일로부터 시작된다. 그 위에 보리를 올려놓고 나락을 털어 바람 부는 방향에 앉아 검불을 날려 보낸다. 바닥에 쌓인 보리는 한 번 더 키로 까불러 햇볕에 바삭하게 말려 김장 무렵까지 갈무리해둔다. 김장 때가 다가오면 보리를 물에 담갔다 꺼내 비닐 부대에 담아 방 한쪽에 세워둔다. 싹이 나기 시작하면 서로 들러붙는 일이 없도록 수시로 흔들어 준다. 어느 정도 싹이 자라면 평상에 얇게 펴서 말린 후 방앗간에 가지고 가서 빻아 온다.

우선 엿기름을 물에 넣고 조물조물 비벼준다. 그런 후, 함지박을 꺼내 체에 밭쳐 거른다. 체에 걸러져 나온 왕겨 같은 껍질은 꼭 짜서 버리고 엿기름물이 담긴 함지박 위에는 누런 베 보자기를 덮어둔다. 이제 불려둔 하얀 쌀을 베보자기 깔린 찜 솥에 넣고 고두밥을 짓는다.

몇 년 전부터 세 마지기짜리 우리 논에 이웃이 농사를 짓고 있다. 어렸을 때는 바다 같고 끝없는 지평선 같았던 논이다. 그때나 지금이나 별반 다르지 않은 키인데 지금 눈으로 훑어보면 얼마 안 되는 손바닥만 한 작은 땅이다. 엄마는 성치 않은 몸으로 일곱 살부터 젖먹이까지, 어린 딸 셋을 품에 안고 가장이란 이름으로 그 땅을 지키기 시작했다. 객지로 나서기 전까지 세 자매의 고사리 같은 손 힘도 한 몫 보태진 땅이다.

새벽부터 숫돌에 우물물 묻혀 정성을 다해 갈아놓은 낫이 아침 햇살을 받아 눈부시도록 반짝였다. 그 낫을 들고 먼저 시범을 보이던 엄마. 우린 두세 줄을 잡고 머뭇거리는 사이 대 여섯 줄을 잡고 비틀거리는 몸으로 앞으로 달음질쳤다. 가다 보면 욕심낸 것도 아닌데 제 줄을 벗어나기 일쑤다. 두더지 굴 파듯 파고 들어가기도 하고 베어진 나락을 멍석 펴듯 펼쳐 놓기도 했다.

어느새 찜 솥에 김이 오르기 시작한다. 오랜만에 맡아보는 구수한 쌀밥 냄새다. 뜸을 들인 밥을 식기 전에 퍼내 보온밥솥으로 옮긴다. 윤기가 자르르 흐르는 고슬고슬한 밥을 손으로 집어 주먹밥으로 만들어 입에 넣는다. 우물우물 밥을 씹으며 베보자기에 붙은 밥알까지 깨끗하게 떼어낸다. 가라앉은 엿기름물을 망에 걸러 밥솥에 붓고 빨리 삭으라고 숟가락도 하나 넣어둔다. 이제 밥알이 뜰 때까지 기다리기만 하면 된다.

낫을 잡던 손힘이 약해질 때쯤이면 보리처럼 누렇게 여문 둑새풀 속에 있는 새집이 나타났다. 바람에 제 몸 눕혀버린 황금빛 보리 이랑을 찾아 둥지를 튼 작은 집이다. 종달새라 여겼던 둥지는 이미 부화가 끝나 빈집인 것이 대부분이었다. 하지만 사람들의 부산함에 놀라 어미 새가 피해버린 둥지에는 아직 부화 전인 새알 몇 개가 들어 있기도 했다.

보리를 거두고 모를 심기 위해서는 논을 갈아엎어 물을 채운다. 그러기 전에 흘린 나락을 주워야 한다. 철없던 우리는, 손수 낫을 잡고 보리를 베었음에도 나락 줍는 일에 게을렀다. 결국, 엄마의 지청구와 함께 동구리를 옆구리에 끼고 논으로 향하곤 했다. 한 톨이라도 들쥐의 몫이 되기 전 주워들이는 일이 보리 베기 마무리인 셈이었다.

당나라 때 고승인 백장 선사는 "一日 不作이면 一日 不食."이라 했다. 가끔 아이들이 휴일이라고 게으름 피울 때 밥반찬처럼 입에 올렸던 말이다. 공부도 일이고 청소도 일이니 휴일에 꼼짝 안 할 양이면 하루 한 끼도 고마운 것이라고. 그러다가도 삭막한 도시 생활에 찌들어가는 아이들이 안쓰러워지기도 한다. 지금 아이들은 보리 이삭이 까맣게 병들어가는 깜부기 뽑아 노는 재미는 고사하고 푸른 보리밭 박차고 날아오르는 종달새도 보지 못했을 것이며 익어가는 나락을 손으로 비벼 씹어보는 맛도 모를 것이기 때문이다. 그래서 식혜의 그 깊은 맛을 알 리가 없어 고개를 외로 꼬는 건지도 모른다.

드디어 밥알이 하얗게 떠올랐다. 들통에 붓고 남아있던 물과 가라앉은 녹말까지 흔들어 쏟아붓는다. 이제 끓여내는 일만 남았다.

논과 밭, 수시로 이웃의 일까지 가리지 않았던 젊은 엄마가 어느 해부터 논을 묵히고 밭으로 농사터를 줄였다. 그러다가 밭마저 남에게 맡기고 집 앞 텃밭으로 엄마의 경작지는 줄어들었다. 이제는 전동차로 움직이는 일도 쉽지 않은데 그래도 놓지 않은 것이 텃밭 가꾸는 일이다. 손바닥만 한 텃밭에 수십 가지 채소를 심고 농수로 한 뼘 공간에 보리를 심어 경작의 기쁨을 맛보는 것이 엄마가 살아가는 힘인지도 모른다. 제자리를 잃은 고관절을 지탱해 주던 근육도 시나브로 사그라지고 있으니 이제 더는 올해와 같은 식혜의 맛을 볼 수 없을 것이다. 한 뼘 땅에서 시작된 보리에 얽힌 이야기로 추억의 땅이 점점 넓어지고 있는 오늘, 꼬박 하루를 기다려 달콤한 추억 한 대접을 홀짝홀짝 마시며 보리가 준 보리를 깨닫고 있다.

(2016)

칠곡가시나들*

영화관에 사람이 없다.

혼자 앉아있는 게 민망하여 주위를 몇 번이나 둘러본다. 상영 전, 광고가 끝나 가는데 관객이 한 명도 들어오지 않는다. 작정하고 시간 내 보러 온 게 어색하다. 아무도 없어서 불편했던 마음은 영화가 시작되면서 편안해졌다. 할머니 학생들 이야기 덕분이다.

무릎 아픈 할머니가 "걸어 다닐 수 있으면 열심히 걸어야 한다."며 저수지 둑을 친구들과 천천히 걷는다. 움직이지 않으면 남은 근육마저 사라진다며 텃밭 일에 몰두하는 친정엄마 같다.

한글학교에서 글을 배운 할머니가 아들에게 편지를 쓴다. 꾹꾹 눌러 천천히 한자씩 적어나간다. 할머니가 쓴 글자 하나하나에 자식 향한 절절한 사랑이 고봉밥처럼 담겨있다.

함께 글을 배운 다른 할머니가 말한다. 가만 보니 시가 참 많다고. 시가 천지삐까리라고. 팔십이 넘어도 어무이가 좋아 어무이를 보고 싶다는 할머니의 사모곡은 웃고 있는데 눈물이 난다.

글을 배운 할머니 한 분이 교통사고로 입원한 딸을 보러 간다. 지팡이 짚고 세 다리로 걷는다. 쉬엄쉬엄 계단을 오른다. 살고도 싶고 죽고도 싶다는 할머니가 병원에서 작은딸 집으로 간다.

딸 집에 눈이 큰 강아지 '홍이'가 산다. 홍이는 할머니를 좋아한다. 그저 바라만 봐도 꼬리를 살랑살랑 봄바람처럼 흔들어댄다. 할머니가 먹을 것을 준다. 딸이 외출한 집에 할머니랑 홍이랑 둘이 남는다. 홍이는 할머니를 바라보며 여전히 꼬리를 흔든다. 할머니는 홍이를 보며 "털이 안 빠지는 개가 있으면 좋겠는데. 그럼 그게 개가, 사람이지." 하고 혼잣소리를 한다.

아파트는 몸은 편해도 심심하고 재미가 없다는 할머니가 한글 공부를 한다. 쓰다 막히면 홍이에게 물어보고 잘 써지면 또 홍이한테 읽어준다. 심심해진 할머니가 홍이를 데리고 밖으로 나간다. 아파트를 돌다가 노인정 앞 쉼터에 걸터앉는다. 한참 만에 노인정에서 한 할머니가 나온다. 할머니는 마치 아는 사람처럼 "이제 나오는교." 인사한다. 스쳐 가는 노인을 보며 할머니는 "아파트는 심심하다. 몸은 편해도 재미가 없다."고 시(詩)를 짓는다.

할머니 셋이 모여 장에 간다. 물건을 사러 가는 게 아니라 글공부하러 간다. 가게 간판이 많은 시장은 학교다. 지팡이를 기둥 삼아 서서, 읽고 또 읽는다. 한 할머니가 띄엄띄엄 읽으면 옆에 할머니가 좀 더 빠르게 따라 읽는다. 할머니 학생들에게는 세상 모든 게 글자로 보인다.

한 할머니가 느지막이 배운 글을 영감한테 자랑하고 싶어 한다. 그런데 영감이 없단다. 그래서 사람이 가더라도 돌아오는 계절처럼 봄에 또 오면 좋겠다고 한다. 그러자 옆에 할머니가 "안 된다. 영감이 또 오면 좋겠나?" 한다. 영감한테 글 배운 걸 자랑은 하고 싶지만, 가버린 영감이 다시 오는 건 그리 반갑지 않다. 그게 또 가슴 뭉클하다. 한글을 배우고 나니 "사는 기, 배우는 기 와이리 재밌노."라고 말하는 할머니들은 그들의 말처럼 개갑지* 않고 소잡지* 않은, 누구보다 열정 많은 아직은 학생이다.

영화가 끝났는데도 칠곡가시나들의 웃음소리가 극장 안에 가득하다. 하늘 위를 나는 청둥오리 떼를 보며 몇 줄 적었다는 친정엄마가 생각난다. 입학할 나이에 다리가 아팠던 엄마는 학교에 간 적이 없다. 그러니 졸업장이란 게 없다. 그래도 읽고 쓴다. 받침이 틀려도 띄어쓰기가 안 되어있어도 쓰고 또 쓴다.

화면 위로 올라가는 할머니들이 쓴 글을 보며 깨달았다. 친정엄마가 적바림해둔 메모를 보며 맞춤법에 맞도록 고쳐주었던 게 중요한 것이 아니었음을. 집에 돌아오며 엄마께 전화했다. 엄마는 무릎이 아파 결국 병원에 가서 뼈 주사를 맞고 왔다고 한다. 그랬더니 통증이 덜하여 움직일만해서 마당 앞에 풀을 뽑았노라고. 그리고 아침에 텔레비전을 보며 좋은 정보를 적어놨으니 다음에 오면 보여주겠다고 한다. 오늘따라 아픈 엄마의 목소리가 활기차다. 그게 또 먹먹하다.

영화 속 한 할머니의 시가 하늘에 걸린다. 이번엔 콧등이 시큰하다.

빨리 죽어야 데는데 십게 죽지도 아나고 참 죽겐네 몸이 아푸마 빨리 주거여지 시푸고 재매끼 놀 때는 좀 사라야지 시푸다 내 마음이 이래 와따가따 한다
　　　　　　　　　　-박금분 <내 마음>
(2019)

*칠곡가시나들 : 김재환 감독의 다큐멘터리 영화. 2019년 2월 개봉.
*개갑다 : 가볍다.
*소잡다 : 소란스럽다.

3. 폐사지에 머문 가을

가까이 멀리 흩어진 사람들의 고운 모습이 단풍처럼 폐사지를 물들인다. 절터 마당의 잔디는 적당히 푹신하여 한발씩 내디딜 때마다 십 년씩 과거를 향해 들어가는 것 같다. 천 년 전까지 들어가려면 얼마나 걸어야 할까.

덕수궁길 61

발굴과 복원

폐사지에 머문 가을

십이령길

꽃 피는 통증

안녕, 백송

개비자나무

무궁화꽃이 피었습니다

호현마을 동동길

단풍잎 접시

이야기를 먹다

달 밝은 달엔 박달

섬에 들다

덕수궁길 61

 대한문 앞을 지나 오른편 골목으로 접어든다. 덕수궁 돌담길이다. 자동차와 사람들에게서 멀어진 것도 아닌데 소음에서 물러나 앉은 것 같은 호젓함이 있다. 돌담을 옆에 끼고 걷는 것도 좋고 시청 별관과 서울 시립미술관이 있는 왼편 길에 붙어 걷는 것도 괜찮다. 점심때가 되면 골목 안은 여기저기서 쏟아져 나온 직장인들로 붐빈다. 때맞춰 나와 거리공연을 시작한 버스커의 감미로운 목소리가 부드럽게 휜 골목에 스며든다. 지나가던 사람들이 하나둘 모여든다.

    손에는 커피가 담긴 컵이 하나씩 들려있다. 컵의 모양이 제각각이니 가만히 보고 있으면 카페들이 골목으로 나온 것 같은 착각이 들 정도다. 동시에 뚜껑을 연다면 돌담길에 커피 향이 은은하게 퍼지겠다. 백 년 전 정동은 커피가 처음 들어온 곳이다. 고종이 덕수궁의 정관헌이나 중명전에서 커피를 즐겼다는 이야기도 전해진다.

    그 덕수궁 밖의 돌담길을 걷다 보면 곳곳에서 과거로 돌아가는 문을 발견하게 된다. 그중 하나가 운교, 구름다리다. 작은 사각형의 돌담이 이어지다가 갑자기 그 몇 배의 직사각형 벽돌로 쌓아 올린 석축이 나타난다. 백여 년 전 경운궁 확장에 실패하고 대신 들어섰다던 구름다리의 흔적이다. 그때 궁이 확장되었다면 덕수궁은 더 넓어졌을 테고 돌담길의 위치도 바뀌었을 것이다. 구름다리가 연결되었던 언덕 위에는 지금 서울시립미술관이 자리 잡고 있다.

    2016년 10월 12일, 서울시는 미술관 앞에서 '정동 그리고 대한제국 13'이란 계획을 발표했다. 정동역사재생프로젝트의 하나인 '대한제국의 길'에는 총 20개의 역사문화 명소가 들어간다. 경희궁과 경운궁을 연결했던 홍교와 경운궁과 독일 영사관 자리를 이었던 운교도 포함되어 있다. 이곳 구름다리는 그중 열여덟 번째로 들어가 있다. 구름다리 자리는 덕수궁의 최초 정문이었지만 대한문에 자리를 내준 인화문이 있던 곳이라고 한다. 생각 없이 걸을 땐 지나쳤던 석축인데 역사의 끈을 풀어보면 옛이야기가 다시 살아난다.

  미술관 언덕으로 올라가는 길, 울긋불긋한 옷을 입고 덕수궁으로 향하는 수문장들이 줄지어 내려온다. 마치 백여 년 전 세계에서 튀어나오기라도 한 것 같다. 미술관 밖에 설치된 야외조형물인 <장밋빛 인생>의 빨간색이 그들의 옷과 어울린다.

  은행나무와 단풍나무 숲길을 돌아서 미술관으로 향한다. 1928년 경성재판소로 지어질 당시의 모습이 남아있는 미술관 건물의 정면 벽판 모습이 보인다. 미술관 건물은 과거에 현재를 이어붙인 것처럼 서로 등을 맞대는 독특한 외관을 지니고 있다. 역사적 가치가 있어 정면 보존 방법의 사례로 남겨진 덕분이다. 마치 두 얼굴의 야누스 같다. 2006년에 등록문화재 제237호로 지정되었다는 아치형의 현관을 마주하고 선다. 입구를 지나 안으로 들어가면 순간이동이라도 한 것 같은 느낌이 든다.

덕수궁 길 61, 현재 서울시립미술관이 있는 서소문동 37번지의 도로명 주소다. 이 일대 땅의 이력은 사람만큼이나 파란만장하다. 미술관으로 오르는 언덕길은 조선 시대 선비 이황이 낙향하기 전까지 살았고 또 5현의 한 사람인 사계 김장생의 집터로도 기록되어 있다. 1886년, 최초의 근대식 교육기관으로 세웠던 육영공원(育英公院)도 이 자리에 있었다. 5년 후, 육영공원은 독일 영사관과 자리를 바꾸게 된다. 독일 영사관이 있던 시절에는 최초의 민간신문을 찍어낸 독립신문사도 이곳 어디쯤 있었다고 한다. 광복 후부터 1995년까지 대법원이 있기 전, 일제 강점기에는 경성재판소와 조선총독부 임시토지조사국이 있었다. 당시 조선총독부의 조사국 분실도 이곳에 있었다 하니 고초를 치렀을 그 많은 사람의 한을 지금 미술관이 조금이나마 위로해 줄 수 있다면 좋겠다.

미술관에서 나와 정동교회를 바라보며 내리막길을 향해 천천히 걷는다. 저 멀리 입구에 장밋빛 인생이 환하게 펼쳐진다. 그 앞 마거리트 꽃밭에 이환권 작가의 <장독대>가 서 있다. 멀리서 보면 영락없는 장독대지만 가까이 가 보면 옹기종기 모여 있는 게 항아리가 아니라 사람인 것을 알게 된다. 납작 조각상은 보는 각도에 따라 다양한 모습으로 보인다. 많은 일이 그렇다.

오늘, 정동을 아우르며 담 없이 열려있는 시립미술관 나들이는 근처 카페에서 주문한 가배 한 잔을 들고 <장독대> 앞에서 마침표를 찍는다.

(2017)

발굴과 복원

　지난가을 친구들과 경주에 다녀왔다. 대릉원을 돌아보고 첨성대도 보고 왔다. 첨성대 앞에는 모과나무가 있었는데 잎도 없는 가지에 열매만 주렁주렁 매달려 등불처럼 빛났다. 노란 모과 앞에서 사진을 찍고 시간에 등 떠밀려 계림은 일별만 하고 불국사로 향했다. 석굴암으로 가는 오솔길을 걸으며 자꾸만 황룡사지 생각이 났다. 경주에 몇 번이나 갔는데 황룡사지는 못 보아서일까, 그런데도 자주 본 것처럼 익숙하고 낯이 익은 건 그만큼 글과 사진으로 많이 보아서다.

봄에는 빈 절터에 제비꽃과 꽃다지가 낮게 피어 땅을 밝혔고 여름에는 개망초가 흐드러졌다. 가을이 되면 어느 편엔 노란 코스모스가 흐드러지게 피기도 하고 어느 편은 말끔하게 정리되어 드넓은 절터를 한눈에 보여줬다. 비록 사진이지만 신라 최고 전성기에 만들어진 절의 빈터를 볼 때마다 꼭 가봐야겠다고 다짐했다. 하지만, 경주에 갈 때마다 기회가 닿지 않았다.

궁을 짓다가 황룡이 나타나자 17년에 걸쳐 사찰로 고쳐 지었고 이후 백 년 가까이 국가사업으로 조성되었다 하니 대단히 큰 절이었을 것이다. 그러니 언젠가는 꼭 가서 그 너른 풀밭을 걸으며 건물과 탑의 크기를 헤아리며 상상해보고 싶었다. 그런데 앞으로는 사진으로 본 광활한 절터가 한 편의 풍경화처럼 남을 모양이다.

신라 왕경(王京)복원과 관련된 기사는 반갑지만은 않은 소식이다. 황룡사지도 들어가 있는 그 넓은 터를 2035년까지 발굴과 복원을 마칠 계획이라는데 자세히 알지는 못

해도, 문화재라는 말만으로 경외심을 갖고 바라보는 나 같은 사람에게도 19년은 짧아 보인다. 불편한 마음에 여기저기 기사를 찾아보니 전문가들 사이에서도 의견이 분분하다.

지난 4월, 일본에 일어난 지진으로 500여 년의 역사를 자랑하는 구마모토성 일부가 무너지는 피해가 있었다. 큰 피해는 아니어도 부서져 버린 성벽 사진을 보니 남의 나라, 그것도 우리에겐 원수나 다름없는 적장이 지은 성이지만 안타까웠다. 직접 돌아보지 않았다면 그냥 지나쳤을지도 모를 기사였다. 무너진 성벽을 완전히 복구하는데 잡은 기간을 보고 신라 시대 왕경복원을 떠올렸다. 최근에 무너진 성벽 일부를 복원하는데도 20년을 잡는데 천 년 전, 한 시대의 도시를 발굴하고 복원하는데 19년이라니. 사진이나 문헌 등의 자료가 부족한 상태에서의 발굴과 복원은 개발과 신축이라는 생각을 한다면 이상한 것일까.

기단석만 남은 황룡사 목탑만 해도 학자들 간 의견이 분분한 데다 역사적 자료도 부족하다고 하는데 의견이 어떻게 모일지 두고 볼 일이다. 황룡사지를 다녀온 어떤 이는 황룡사지에 세워진 역사문화관 건물이 절터와 어울리지 않더라는 말도 했다. 지난봄에는 문화관의 배수로 공사를 하면서 초석과 함께 통일 신라의 건물 밑바닥에 까는 돌인 적심석(積心石)을 훼손한 일로 시끄럽기도 했다는 이야기가 있다. 더구나 국정감사에서 한 의원은 부실 발굴로 업무 정지까지 받은 기관이 천년 고도(古都)의 미래를 결정지을 종합계획을 짰다며 문제를 제기하기도 했다.

 이젠 몇 달 만에 건물을 뚝딱 완공하는 것에도 익숙하고 몇 년이면 오밀조밀 지붕을 맞댄 동네 몇 개가 사라지고 고층 아파트가 들어서는 것에도 별 거부감이 없을 정도다. 하지만, 역사가 숨 쉬는 땅에 그 시대에 맞지 않는 건물을 올려 상상의 싹을 자르는 일만은 없었으면 좋겠다. 발굴과 복원은 꼭 필요한 일이지만 모든 일은 때와 장소와 그에 맞는 절차가 잘 이루어져야 뒤탈이 없다. 과거 백제 시대 무령왕릉의 발굴은 사상 최대의 발견인 동시에 사상 최악의 발굴이었다는데 어느새 그 일을 잊은 걸까. 빨라서 좋은 것도 있겠지만 느림이 필요한 것도 있는 법이다. 자료가 부족한 복원은 왜곡이라는 말에 백(百) 표를 던지고 싶다.

(2016)

폐사지에 머문 가을

원주에 도착한 버스가 다시 부론면으로 들어섰을 때, 해설사가 자리에서 일어섰다. 부론면은 남한강과 섬강에 접해 있어 선사시대부터 삶의 터전이 되어 온 곳으로 고려 때는 조창까지 있었던 지역이라는 설명에 이르렀을 때 차창 밖으로 흥원창이 있었던 자리를 알리는 안내문이 보였다. 경제활동의 중심지다 보니 자연히 사람들이 많이 모여들어 언론의 중심 역할까지 하게 되어 부론(富論)이라는 지명이 생겼다고도 하고, 보를 막아 농사를 지어 불렸던 '보논'이 파생되어 '부론'이 되었다는 설도 있다. 부론면은 법천사지와 거돈사지를 비롯하여 고려 공양왕이 유배를 당했던 곳이기도 하다. 3당 시인 중 한 사람인 이달이 살았던 마을인 손곡리와 법천사지 이야기를 끝으로 버스는 정산리 거돈사지로 달려갔다.

  가을의 다사로운 햇살은 봇도랑 풀숲에도 파고들고 천살의 느티나무 그늘에도 스며든다. 절의 역사를 가늠케 하고 폐사지의 아픔을 드러내는 느티나무 그늘로 들어갔다. 서로 다른 생을 살듯 처음부터 갈라져 나온 가지들이 하늘을 덮을 것처럼 뻗어있다. 묵은 가지와 햇가지가 어우러진 그늘 아래 나무의 발 같은 바위에 걸터앉는다. 가까이 멀리 흩어진 사람들의 고운 모습이 단풍처럼 폐사지를 물들인다. 절터 마당의 잔디는 적당히 푹신하여 한발씩 내디딜 때마다 십 년씩 과거를 향해 들어가는 것 같다. 천 년 전까지 들어가려면 얼마나 걸어야 할까. 절터 중앙에는 금당지와 삼층석탑이 있고 화상 입었다는 석불도 보인다.

이 절의 당간지주는 여기서는 보이지 않는 곳에 있다. 아이들 없는 학교 풀밭에 방치되다시피 누워있다는 당간지주의 짝은 현계산 어디쯤 있을 것이라는 설화 같은 이야기만 분분하다. 절도 폐사지만 남아있고 당간지주가 누워있는 분교도 폐교가 되었다. 학교 안에 아이들의 웃음소리 퍼지고 당간지주가 짝을 만나 누운 몸을 세우기를 바라는 마음은 지금, 여기 있기에 해볼 수 있는 생각이다.

멀리서 보니 구들장을 놓은 것처럼 납작한 돌들이 박석처럼 판판이 깔렸다. 흩어진 석물들을 모아 놓은 곳이었다는 설명을 들은 것이 생각나 다가가 보니 생김새도 크기도 제각각인데 블록이라도 맞춘 것 같다. 돌 틈 사이로 작은 들꽃이 피어있다. 그 앞 도랑 건너 '원주 사랑길'을 알리는 갈색 팻말이 서 있다. 지금은 빈 절터만 남았지만 천 년 전에는 법천사 스님들이 오고 거돈사 스님들이 갔을 옛길을 살려 2012년도에 원주 사랑길이라 이름 지었다고 적어놓았다.

읽다 보니 '사랑길'이란 말은 입에서 물처럼 막힘없이

흐르는데 안내문의 문장은 자꾸만 목에 가시처럼 걸린다. "1000년 전 거돈사에 법천사를 승려들이 드나들면서 수양하던 길을 2012년에 다시 찾아 그 후로 원주사랑길이라 이름 지어졌다." 몇 번을 읽어도 어색하다. 토씨가 그렇고 문맥이 그렇다.

요즘 들어 깊어지고 있는 나의 병 중 하나다. 틀린 맞춤법이며 어색한 문장들을 보면 나도 모르게 고쳐 읽는다. 한 번은 라디오를 듣다가 틀리게 말하는 단어가 자꾸만 거슬려 문자를 보내본 적도 있다. 이러다가 어설픈 문법충이라도 되는 건 아닌지 모르겠다.

다시 절터로 돌아가 원공국사승묘탑으로 향한다. 온갖 넝쿨 식물과 들꽃이 핀 땅을 밟을 때마다 쑥쑥 발자국이 생겼다 사라진다. 어쩌면 천 년 전 이곳에는 물고기가 노닐고 연꽃 피던 못(池)이 있었을지도 모르겠다. 낮은 언덕으로 올라가서 본 원공국사승묘탑은 지금 국립박물관에 보관되어있으니 우리가 본 것은 모형이다. 그래도 설명을 듣고 줄을 서서 절터를 등지고 사진을 찍는다. 뒤돌아서니 폐사지가 한눈에 들어온다. 다시 계단을 내려오는데 감나무를 기둥 삼아 만들어놓은 작은 앉은뱅이 의자에 저문 가을볕이 앉아있다.

강을 타고 내려와 터를 잡았던 절 중 하나가 거돈사라고 한다. 지금은 천 년 전 스님들이 바람처럼 사라진 터에 천 년 후 사람들만 분주히 오간다. 그 한적한 원주 사랑길 자락 거돈사지에 생명 있는 것은 오직 천살 느티나무뿐인 것 같다. 멀리서 바라보니 거돈사지의 수호목 같은 느티나무가 뒤집힌 사람 인(人)처럼 우뚝 서 있다.

(2016)

십이령길

　밤을 달려 십이령 주막에 도착한 시간은 아침 일곱 시. 해설사와 만나기로 한 약속 시각은 아홉 시다. 평소 습관대로 느리게 밥을 먹고 씻고 와도 한참 여유가 있다. 천천히 주막 주변을 둘러봤다. 입구 오른편에 보부상 송덕비가 보이고 맞은편에는 폐교인 소광초등학교를 개조하여 만든 펜션이 있다. 주막 앞 도로 건너편으로 작은 천이 흐를 뿐 사방이 산이다.

개울 건너에는 새벽부터 밭일이 한창인 마을주민 서넛이 보인다. 트럭 한 대가 개울을 건너가더니 후진과 전진을 수번 반복 후 밭두둑 쪽으로 차 엉덩이를 들이밀었다. 적재함의 문을 열자 그 위로 묵직한 노란 플라스틱 바구니들이 올라탔다. 옥수수일 것이라 여겼는데 트럭이 개울을 건널 때 보니 씨알 굵은 감자다. 우리가 밤길을 달려올 때 저분들은 새벽을 당겨 감자를 캐고 있었다. 트럭 위에 실린 감자 바구니들은 우리가 걸어갈 길 반대편으로 사라졌다.

트럭이 간 길을 등지고 천천히 걷기 시작했다. 오늘 걸을 길은 십이령 중 두 고개로 거리는 12km를 넘는다. 2009년 발견된 울진 흥부장에서 봉화 춘양장으로 넘어가는 길이다. 바다에서 내륙까지 띠를 이은 십이령길은 울진 죽변항에서 봉화까지 보부상들이 소금 및 해산물을 실어 나르던 길이다. 나흘에 걸쳐 130리 길을 걸었다는 그들의 땀이 있어 안동 간고등어가 생겼을 것이라는 해설사의 설명을 들으며 빛내골 임도로 접어들었다.

오늘은 큰 나무가 있다 하여 이름 붙여진 한나무재와

넓재를 넘어간다고 한다. 마을 안쪽 널찍한 산길을 따라 걷다가 앞에 멈춰선 사람들의 뒤로 다가섰다. 고목 곁에 계곡물이 흐르고 그 위로 긴 통나무가 얹혀져 있다. 예전에 소나무 홈을 파서 물을 대어 벼농사를 지었는데 그래서 홈다리 또는 호음교라 불린다는 곳이다.

산길로 접어들고 다시 산마을을 끼고 돌기를 반복하는 동안 소설《객주》의 주인공들을 떠올렸다. 전국의 장터를 돌며 길을 만들고 법을 만들었던 그들이 멈춰 흔적을 남긴 곳은 봉화의 생달마을이다. 작가의 소설 속에는 주인공이 따로 없다고 했다. 그러나 나는 그 길을 걸으며 보부상들의 자취를 찾아 전국 200여 개의 장터를 누볐다는 작가도 객주를 이끄는 수많은 주인공 중 하나라 여겼다.

기개와 품격을 잃지 않고 오랜 세월을 품어 안은 금강소나무 사이로 파란 하늘이 보였다. 고개를 땅으로 향하면 하늘말나리 사이로 흐드러진 동자꽃이 등불처럼 길을 밝혔다. 오솔길 따라 핀 노란 짚신나물은 오래전 이 길을 지난 보부상들의 짚신 덕분에 자리를 지킬 수 있었을 것이다. 화전민이 살았던 것으로 추정되는 널찍한 터를 지나니 한나무재가 나타났다. 지금은 흐드러지게 핀 개망초와 잠자리의 군무가 한창이지만 소설 속에서는 고기 굽는 연기로 산적들을 유인해 잡도리한 곳이기도 하다.

역사와 허구가 섞인 것을 역사소설이라 한다. 하지만, 걸으며 소설 속 이야기를 떠올릴 때마다 《객주》는 소설이 아닌 역사라는 생각이 든다. 그들이 걸어 만든 길과 그 위에 흘렸을 땀방울과 이야기가 이끼가 되어 쌓이고 그것을 살린 것은 작가다.

이백오십 살이 넘은 쌍전리 산돌배나무 주변에 앉아 땀에 젖은 옷을 말렸다. 열매가 많이 열리는 해에는 풍년이 든다는 산돌배나무는 나라에 큰일이 있을 때마다 웅-웅- 소리를 내며 울었다고 한다. 그 나무 아래에 앉아 쉬던 보부상들의 근심이 나무에도 전해졌던 것일까. 지금은 더운 여름, 명상에 든 돌배나무 그늘을 지나 다시 산길로 들어선다. 산허리를 돌아 고개를 넘어 작은 개울을 건너니 작은 빛내골을 향하는 이정표가 우리가 12km를 다 걸었음을 알린다.

임도와 연결된 옛길 따라 걸을 때마다 땀은 쉴 새 없이 흐르고 마르기를 반복했다. 옷에는 하얀 소금꽃이 피었다. 백두대간 협곡열차의 시작 역인 분천역에서 짠물 젖은 옷을 갈아입고 나오니 샤워장 앞에 흐르는 물소리가 우렁차다. 분천은 십이령길 중 유일하게 나룻배를 이용해 건너야 하는 곳이었던 만큼 지금도 물길이 넓고 깊다. 30리 길을 걷고 지친 몸을 느티나무 그늘에 앉혔다.

　보부상이 되기 위해서는 짐을 지고 어디든 갈 수 있어야 한다. 그러니 기본적으로 건강해야 했다. 물건을 사고 팔며 이문을 남기기 위해서는 셈이 확실해야 하니 기억력도 좋아야 한다. 또 도적 떼를 피하거나 장에 빨리 도착하기 위해서는 지름길까지 꿰고 있어야 한다. 보부상이 되기 위한 조건이라 할 수 있다. 건강한 몸과 확실한 셈에 전국의 장으로 통하는 길들을 훤히 꿰고 있었기에 그들은 정치적 이해관계에도 얽혀들었다.

　작가는 이 시대의 기업인들이 모두 천봉삼 같았으면 하는 마음으로 누구보다도 기업인과 장기수, 60~75세의 노인에 속하는 분들이 이 책을 많이 읽길 바란다고 했다. 또 가난하게 자랐기에 부지런해야 했고 허약했기에 건강에 대한 소중함을 알게 되었으며 또 제도권 교육을 많이 받지 못해서 이 소설을 쓰기 위해 엄청난 양의 공부를 했다고 한다. 작가는 이 소설을 쓰기 위해 얼마나 많은 땀을 흘렸을까.

 길은 길로 이어지고 이야기는 이야기로 연결된다. 고향이 있으나 머물러 살지 못했던 그들이 마을을 이뤄 살았던 봉화의 생달마을. 그들은 정착과정에서 땅을 사며 성에 자신의 고향 이름을 붙였고 공동재산에서 소출이 나면 보부상을 위한 제사를 지냈다. 보부상들이 걸었던 십이령 길의 발견은 김주영 작가가 9권에서 멈췄던 《객주》를 10권으로 마침표를 찍을 수 있도록 해 준 소중한 길이다. 어쩌면 수많은 보부상의 발자국으로 남은 길이 발견된 것은 우연이 아닐지도 모르겠다.

(2016)

꽃 피는 통증

 지난 한 해 마무리는 버릴 것들을 내놓는 것으로 시작했다. 그러다가 다시 뒤로 물린 것들도 제법 되지만, 그 중 하나가 아이들이 시작해놓고 끝내지 못한 퍼즐과 명화 색칠하기다. 버릴 때 버리더라도 한번 완성해보자는 작은 바람으로 시작하였던 것이 돌풍으로 휘몰아칠 줄은 까맣게 몰랐다.
 펼쳐놓은 퍼즐은 마치 공사를 끝내지 못하고 흉물이 되

어버린 건물처럼 황량하고 스산했다. 또 그림은 칠해야 할 색깔을 나타낸 숫자들로 어수선하여 누구의 어떤 작품인지 알 수 없었다. 완성보다는 그런 어지러운 미완의 모습이 마음을 끌어당겼는지도 모른다. 그렇게 며칠 동안 한 번도 가보지 못한 나라의 밤하늘과, 꽃 피워야 할 아몬드나무를 붙들고 살았다.

첫날은 퍼즐 속의 다리와 하늘과 첨탑의 조각들을 바닥에 펼쳐놓는 일부터 시작했다. 울타리를 치고 강과 하늘을 물들여 놓은 비슷한 빛의 무리를 골라내며 다리를 놓기 위한 준비를 했다. 구름에 가린 달 조각들을 닳도록 만진 뒤에 보름달을 첨탑 끝에 걸쳐두고 개폐형의 다리로 옮겨갔다.

처음에는 모든 것이 순조로웠다. 일 년에 이백 회쯤 팔자로 들어 올린다는 다리의 중간쯤 왔을 때 난관에 부딪혔다. 다리 이편과 저편을 이어주는 하나의 조각을 찾아내는데 만 하루가 걸렸다. 남은 조각 하나를 이어주자 다리는 비로소 어깨를 폈다. 첨탑 양쪽에 걸쳐있는 인도교까지 무난히 통과하여 교각을 지탱하는 케이블까지 잇고 나니 다리 모양이 선명하게 드러났다.

  마지막으로 밤하늘을 완성하는 일은 생각보다 더 어려웠다. 모양이 같다고 끼운 퍼즐은 어딘가 어설펐다. 돋보기까지 동원하여 들여다보니 조각과 조각 사이의 틈은 넓었고 색깔 또한 달랐다. 비슷하다고 끼워 맞춘 몇 개의 조각 때문에 길을 잃기 시작했다. 금방 완성될 것 같았던 다리는 마지막 다섯 개의 조각 앞에서 더 나가지 못했다.

  엉뚱한 자리에 놓여있을 조각의 제자리를 찾겠노라고 손전등까지 켜고 밤하늘을 살폈지만, 어디에도 남은 것들의 자리는 없었을 때 포기해도 좋았다. 하지만 만들어진 다리가 다시 부서질지라도 끝을 보고 싶었다. 요(凹)와 철(凸)로 점철된 삶에도 엉뚱한 모양이 만들어지듯 완벽할 것 같았던 런던 다리 위의 밤하늘에 블랙홀 같은 구멍 두어 개를 닫지 못한 채 며칠을 보냈다. 결국, 남아있던 다섯 개의 퍼즐 조각 중 두 개의 철을 잘라내어 요에 억지로 끼워 맞춘 후 광택제를 칠했다.

  색깔이 확연하여 고민할 필요 없이 찾기가 쉬웠던 것도 길을 잃고 헤매다 억지로 꿰맞춘 밤하늘도, 광택제를 칠해놓으니 런던 다리는 몇 군데의 흠을 껴안고도 멋졌다. 수천 번의 손길에 어느새 그곳은 내가 다녀온 곳이 되어 있었다. 그러는 동안 어깨와 목의 근육도 다리 같은 길을 내며 양생 중이었다는 것을 그때까지 몰랐다.

완성된 다리를 곁에 두고 흐뭇한 마음으로 고흐의 <꽃 피는 아몬드나무>를 거의 칠해갈 무렵 왼쪽 어깨가 제대로 투정을 부리기 시작했다. 물감 통이 하나씩 비워질 때마다 아몬드나무 가지가 선명해지는 대신 등 근육은 나무 둥치처럼 울퉁불퉁 뭉쳐서 목으로 올라가 신경을 자극했다. 줄기를 완성하고 꽃을 피워내듯 색칠을 마쳤을 때 뿌듯함의 두 배로 몰려온 통증을 다스리느라 붉은 닭의 새해는 까맣게 잊었다.

불 밝힌 런던 다리와 꽃피는 아몬드나무 액자를 볼 때마다 '이 정도쯤은.'이라며 섣불리 달려들어 얻은 통증의 무게를 떠올리곤 한다. 그러니 한동안은 버려질 위기에서 건져 올린 그것들을 쉽게 버릴 수 없을 것이다.

(2017)

안녕, 백송

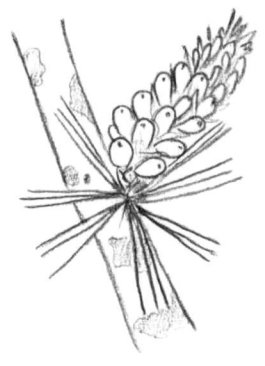

 신문 1면을 장식한 건물의 불빛이 백송껍질처럼 하얗다. 세인의 이목이 쏠린 그곳 마당 안에 수령 600여 년의 백송이 있다. 그 나무는 15세기부터 서울 안에 살기 시작했다. 그러니 피비린내 나는 잿골의 소용돌이를 비롯하여 주변에서 일어난 큰 사건들을 목격한 유일한 나무일 것이다.
 대원군이 안동김씨를 제거하려 했을 때 나무의 껍질이

유난히 하얀 것을 보고 성공을 점쳤다고 한다. 2000년대 초 현직 대통령이 탄핵 위기에 처했을 때도 그를 지지하는 사람들에게 이 나무의 껍질은 더 희게 보였다고 전한다. 늘어난 흰머리로 사람의 나이를 가늠하던 때는 이제 옛말인 시대지만 백송은 껍질이 하얄수록 나이를 인정받는다. 어쩌면 지금 헌법재판소 안의 백송껍질은 몇 년 전보다 더 흰색을 띨지도 모르겠다.

  백송을 처음 본 것은 예산에 있는 추사의 고조부 김흥경 묘 앞에서다. 비스듬히 기운 나무는 이백여 년을 살아온 것이 맞나 싶도록 가냘팠다. 추사의 세한도를 떠올렸던 백송과의 첫 만남이다. 지금 밑동만 남은 통의동 백송은 몇십 년 전까지만 해도 천연기념물의 반열에 올랐던 나무다. 살아있는 나무를 본 적은 없으나 안내문과 전하는 이야기만으로도 그 키와 둘레를 가늠할 수 있다. 상징적으로 남은 밑동에 둘러서서 태풍에 쓰러진 나무를 죽이려고 누군가 고의로 약을 부었다는 이야기를 들었다.

  통의동 백송은 추사와 인연이 깊다. 추사의 증조부 김한신이 영조로부터 자신이 어린 시절 살았던 월성위궁을 하사받게 되는데 그 궁터가 바로 백송이 있던 자리였기 때문이다. 그 나무는 숙종 때 심었다고 한다. 어린 추사가 박제가에게 공부했던 곳이기도 하니 추사는 증조부와 같은 나무를 보았던 셈이다. 추사가 아버지를 따라갔던 북경에서 백송 열매를 가져다 고조부의 묘 앞에 심은 것은 통의동 백송과 무관하지 않을 것이다.

친구 남편으로부터 밀양에도 오래된 백송이 있다는 말을 들었다. 밀양에 갔던 날, 월연정의 백송부터 보러 갔다. 하지만, 나무는 지난 태풍에 쓰러져 잎까지 말라버린 뒤였다. 바위 위의 안내문도 주인을 잃고 칠까지 벗겨져 나무에 관한 이력을 찾아볼 길이 없게 돼 있었다.

백송의 원산지는 중국으로 우리나라에는 600여 년 전에 들어왔다고 전한다. 당시에는 아무나 들여올 수도, 심을 수도 없는 나무였을 것이다. 하지만 지금은 백송을 곳곳에서 만날 수 있다. 창경궁 춘당지에서 고목의 백송을 볼 수도 있고 고색창연한 경복궁에서 어린 백송을 만날 수도 있다. 화담숲 산책로에서는 이름표로 더 어린 백송을 볼 수도 있다. 또는 서촌마을에서 우뚝한 인왕산과 잘 어울리는 청년 같은 백송을 볼지도 모른다. 나무는 잘리거나 뽑히지 않는 한, 그 자리에서 천천히 수십 수백 년을 살아갈 것이다.

화석처럼 오래 사는 나무도 있지만, 사람이나 나무나 생을 다하는 때가 온다. 나무야 그저 자연에 순응해 쓰러지지만, 사람은 이겨내려 애쓰는 것이 다를 뿐이다. 그러나 이겨내는 일도 정도(正道)를 벗어나면 보기 흉하다. 내 것을 사수하겠다고 정도를 포기한 드레없는 이들의 이야기가 온 나라를 지배하는 지금, 헌법재판소를 지키는 백송의 안부가 궁금하다.

(2017)

개비자나무

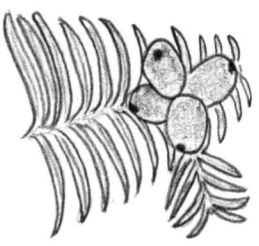

 융건릉에 간다. 계절에 한두 번은 꼭 가는 곳이다. 입구에 들어서면 습관적으로 재실부터 들른다. 재실 마당에 개비자 나무를 보고서야 산책로로 향한다. 개비자 나무는 2009년 9월 천연기념물 제504호로 지정되었다. 융건릉 또한 2009년 6월에 유네스코 세계유산으로 등재되었다.
 세계유산의 품에 안긴 천연기념물, 천연기념물은 자연의 역사라는 가치와 유산적 개념을 포함한다. 천연기념물

은 동물, 식물, 지질, 광물, 천연보호구역 등으로 구분한다. 이중 식물은 노거수나 희귀식물, 자생지와 수림지로 분류한다. 천연기념물로 지정된 식물은 키가 8m 이상 자라는 교목류가 대부분이지만, 융릉 재실 안의 개비자 나무는 4m 정도다. 교목이 아닌 작은 키 나무라서다. 하지만 우리나라 개비자나무 중에서는 가장 큰 키다. 둘레도 80cm에 이르며 보존상태도 우수하다. 거기다 융릉 재실과 관련된 역사적·문화적 가치를 더하는 특별한 나무다.

그런데 왜 개비자나무일까. 비자나무와 비슷해서 얻은 이름이다. 비자나무는 25m까지 곧게 자라지만 이곳에 있는 개비자나무는 누워 자라는 모양새다. 키도 비자나무에 한참 못 미친다. 잎은 비자나무보다 촘촘하고 부드러우며 열매 모양이나 색깔도 다르다. 대부분 '개'라는 접두어가 붙은 것은 질이 떨어진다고 생각하지만, 개비자나무의 경우에는 '흡사하지만 다른 모양'에 가까워 지은 이름 같다.

재실 담장을 등 삼고 지붕과 키를 견주는 개비자나무는 작은 키 나무라 언뜻 보기에 몇 그루가 겹쳐 자라는 것 같은데 한 그루다. 줄기 가운데 하나가 벌어졌는데 그 사이로 이끼와 어린 가지가 자라 틈을 메우고 있다. 밑동부터 우듬지까지 훑어만 봐도 노거수임을 알 수 있다.

이곳 개비자나무는 융릉 재실을 조성하며 심었을 것으로 추정한다. 천연기념물 중 식물은 대개 나이테 측정이 아닌 유래와 역사성으로 가치를 인정받는다. 그래서 이곳 개비자 나무 수령은 200여 년으로 가늠한다.

천연기념물이니 보살핌도 받는다. 조선왕릉 서부지구관리소에서 하는데 천연기념물의 보존을 위한 예방적 관리다. 한 달에 한 번씩 나무병원의 문화재 수리(식물)기술자, 나무 의사가 모니터링도 한다. 고사한 가지나 병들고 약한 가지만 제거하는 수관 청소도 하는데 2019년에는 지지대 교체, 상처 치료, 토양개량 등 생육환경을 개선했다고 한다.

천연기념물은 고사하더라도 해제는 되지만 고유번호는 남아있어 사람의 주민등록번호와 같은 대우를 받는다. 창덕궁 향나무도 태풍에 부러지며 천연기념물에서 해제되었으나 고유번호는 남아있다. 또 부러진 가지는 제례에 향으로 사용하고 있다고 하니 천연기념물은 여러모로 이름

값을 하는 것 같다.

  사실, 재실 마당은 그리 넓지 않다. 또 생육환경도 썩 좋은 편은 아니다. 하지만, 꾸준한 관심과 관리로 개비자나무는 오늘도 역사적 의미를 더하고 있다. 융건릉에 간다면 재실 안마당에 있는 천연기념물 개비자나무도 찬찬히 살펴보면 좋겠다. 개비자나무뿐만 아니라 재실 안팎에 깊이 뿌리내린 오래된 향나무도 눈 맞춤 하기 좋다. 봄에는 산수유가 기와지붕의 겨울잠을 깨우는 모습도 볼 수 있다. 재실 밖에는 장정 같은 백송도 있는데 해마다 나이테가 늘어 회백색의 나무껍질로 바뀌어간다.

(2020)

무궁화꽃이 피었습니다

 늘 건너다니는 구름다리에 무궁화꽃이 피었다. 비가 내리며 꽃가지가 육교 난간을 넘어온 덕분이다. 바닥에 떨어진 꽃송이는 막 세수한 아기 얼굴 같다. 난간 너머엔 빗물을 머금은 분홍색 홑꽃과 흰색의 겹꽃이 함께 피었다. 무궁화꽃을 볼 때면 제암리 3·1운동 순국기념관이 생각난다.
 십수 년 전 기념관을 찾았을 땐, 3월이었다. 두렁 바위

마을로 들어가는 길은 앨범 속에 갇힌 빛바랜 사진 같았다. 도로에서 떨어져 있는 데다 먼지만 보얀 기념비는 기미년으로 돌아가는 통로처럼 보였다. 가신 분들의 피 같은, 마을을 물들인 형형 색깔의 붉은 만장엔 보이지 않는 처연함이 묻어있었다.

만장 따라 마당을 지나 전시관 안으로 들어가니 따사로운 봄빛과 달리 차가운 냉기가 감돌았다. 제암리 교회에서 희생된 많은 분을 수습했다는 선교사 스코필드를 그곳에서 처음 만났다. 시간을 묶어 둔 사진 속에서다.

1970년 4월 스코필드 선교사가 세상을 떠났을 때, 기미년 당시 희생자의 아내였던 전동례 할머니를 비롯하여 온 동네 사람들이 장을 보아 찾아갔을 정도로 그는 이 마을과 인연이 깊다. 단단하고[石] 무서우며[虎] 남을 돕는[弼]다는 뜻으로 자신의 철학을 담은 한글 이름도 지었다. 스코필드와 부르는 음 또 한 비슷한 석호필은 한국 생활에 충실하기 위한 그의 마음을 담은 것이라 했다.

스코필드는 그 당시 외부와 차단된 이 마을에 들어오려고 미행하는 일본 경찰을 따돌리기 위해 마을과는 정 반대 방향인 원천까지 되돌아갔다고 한다. 그는 소아마비를 앓아서 한쪽 팔과 다리가 불편했다. 그래서 다리 하나로만 자전거 타는 법을 배웠다. 그런 몸으로 자전거를 끌고 논두렁 샛길을 통해 제암리에 들어와서 일본 측이 데려온 또 다른 선교사를 만났고 그의 뒤에 숨어 몇 장의 사진을 찍었다.

그중 한 장일, 일경 몰래 찍었다는 두 여인의 사진 앞에 섰다. 출국할 때 헌병과 경찰에게 들키지 않으려고 불편한 다리에 붕대로 감아서 나갔다는 사진 중 한 장 일지도 모른다. 누가 보아도 틀림없이 모녀로 보일 그녀들은 학살로 남편을 잃은 아내들이었다. 기껏해야 열대여섯이나 되었을까 싶은 앳된 얼굴을 가진 그녀의 쪽 찐 머리는 처녀가 아님을 나타내고 있었다. 열다섯이 넘은 장정은 모두 불려갔다고 하니 꽃다운 나이의 신부는 어쩌면, 정말로 열여섯인지도 모른다. 카메라를 향한 그녀들의 모습에서 그는 무엇을 보았을까, 내가 스코필드가 된 듯 사진 앞에 마주 서 보지만 가슴만 아릴 뿐이다.

1897년 여름날 저녁, 어린 스코필드는 큰 몸집에 젊고

위엄이 있는 순한 인상의 한 남자를 만난다. 그는 아버지를 찾아온 손님이었다. 이것저것 궁금한 것을 묻는 스코필드에게 그는 배즈로처럼 아름다운 한국이란 나라에서 왔노라고 했다. 그날 여병현이라는 한국인과의 첫 만남은 그를 코리아로 이끄는 끈이 되었다.

국립묘지에 외국인 최초로 안장된 그는 어쩌면 한국인보다 한국을 더 사랑하는 이방인이었는지도 모른다. 어린 시절 여병현과의 짧은 만남은 제암리와의 긴 인연으로 이어졌고 그 끈은 하마터면 사라질 뻔한 일본군의 만행을 세계에 알리는데 지렛대 역할을 할 수 있었다. 전시관을 돌아 나오는 길, 들어갈 때와 달리 붉고 흰 만장들이 기운 생동하는 봄처럼 힘차게 펄럭였다.

만장을 담장 삼아 스물세 분의 넋을 형상화해놓았다는 손가락 모양의 탑 앞에 섰다. 이제 다시 돌아온 봄이 편안한 모습으로 깨어나고 있었다. 가고 없는 사람들의 발치 앞에선 천진난만한 아이들의 깔깔대는 웃음소리가 마치 가신 분들을 위한 재롱처럼 들렸다. 마당에서 "무궁화 꽃이 피었습니다."라는 아이들의 외침이 들렸다. 술래 곁으로 미처 옮기지 못하고 얼어붙은 모습의 아이들이 마치 조각 같았다. 그러나 그것은 분명 움직일 시간을 기다리는 살아있는 조각이다.

　두렁 바위 마을 양지바른 곳에 봄이 오고 있었다. 아이들의 '무궁화꽃이 피었습니다.'가 지난 역사를 깨우고 있었다. 부지런히 피고 지기를 반복하는 무궁화같이 그날의 함성처럼 일어나는 '무궁화꽃이 피었습니다.'

(2019)

효현마을 동동길

   서울 하면 이화마을, 통영은 동피랑, 부산은 남천마을, 속초에는 논골담이 유명한 벽화마을로 불린다. 그중 내가 직접 돌아본 곳은 통영의 동피랑이 유일하다. 하지만, 제일 기억에 남는 곳은 여자도(汝自島) 대동 마을의 벽화다. 지금도 마을 안의 고요한 모습이 기억 속에 사진처럼 박혀있다.

   벽화마을이 호기심과 친숙한 이미지로 외지인을 불러들인다면 그곳에 사는 원주민에겐 골칫거리로 여겨지기도 한다. 요즈음은 어느 도시나 도시재생사업으로 오래된 골목길에 숨을 불어넣는 마을 가꾸기가 한창이다. 그중 하나인 벽 그림을 보고 있으면 마을이 숨 쉬고 꽃피며 조곤조곤 이야기하는 것 같은 착각이 든다. 그런 마을이 바로 내 집 옆에도 있다.

도로 하나를 사이에 두고 묵은 것과 새것이 공존한다. 같은 동(洞)에 속하는 마을의 모습이 완전 딴판이다. 두 마을을 가르는 또 하나의 경계선은 왕복 8차선 고속도로다. 서울 방향 아래 자리 잡은 마을은 낡았고 남쪽 지방을 향하는 도로 아래 마을은 신천지로 변신 중이다.

내가 자주 가는 마을은 은은한 색의 벽화가 낮은 담을 두른, 오래되어 낡은 마을이다. 그곳에 가면 걸음이 느려지고 마음이 편안해진다. 벽에 그린 그림 따라 똑같이 움직여도 보고 글자를 읽고 시도 읽으며 골목을 돌다 보면 금방 마을 한 바퀴다.

시흥 방면으로 나갈 때는 '범고개'라는 버스정류장이 있고 광명 방면으로 갈 때는 '호현마을'로 불린다. 지인의 친정 마을이라는 소리를 듣고부터는 더 정감이 간다. 마을 건너에는 도축장과 몇 개의 공장들이 있어 주택이 있으리라고는 생각도 못 했던 곳. 몇 번을 갔지만, 골목길도 경로당 앞도 낯선 사람을 향한 개의 짖는 소리만 빼면 늘 고요했다. 하지만 고요하다는 것은 인적이 없어 생각된 것일 뿐, 마을은 서해안고속도로 바로 아래 낮게 엎드려 있어 어느 곳보다 소음에 취약하다.

호현마을은 다른 벽화마을과 달리 은은한 몇 가지의 색으로 통일하여 차분한 느낌을 준다. 요란하지 않은 소박한 그림과 넓게 남겨둔 여백이 걷는 사람의 마음을 끌어당긴다. 얼마 전엔 개망초 흐드러진 벽에서 김춘수 시인의 <꽃>을 눈으로 읽었다. 지금은 고개를 들어 복숭아무보다 키가 큰 종(鐘)을 볼 수 있다.

갈 때마다 다른 느낌의 길. 선 채로 시 한 편 읽고 골목 안으로 들어선다. 고목이 된 담장 안 살아있는 감나무와 벽에 붙여놓은 감나무 작품이 갈라진 가지며 가지 끝에 매달린 잎까지 쌍둥이처럼 닮아있다. 작업한 사람의 마음이 감나무에 스며들어 있는 것 같다. 감나무를 등지고 돌아서면 '사랑합니다, 라고 말해보세요.'라며 나무 울타리가 말을 걸어온다.

색깔별로 사회, 정신, 신체 건강길이라 이름 붙인 골목과 골목은 '동동길 너나들이'라 이름지어 놓았다. 골목을 돌아 나오는데 손바닥만 한 텃밭 가에 겹백일홍이 활짝 피어있다. 경로당 입구에 걸려 있던 어르신들의 말씀 중에 백일홍이나 코스모스를 키워보고 싶다는 이야기를 한 할머니가 생각나 가까이 다가가 가만히 들여다본다.

살기 좋은 마을이 되기를 바라고 가수가 되고 싶었던 젊은 시절을 기억하며 소박한 소망을 가진 분들이 살아가는 호현마을. 지나온 날들을 추억하고 아직도 꿈을 놓지 않은 어르신들의 모습은 경로당 입구 벽에서 만날 수 있다. 46년을 살아 온 마을에 대한 애정, 손주의 취직을 염려하는 마음, 아름답고 깨끗한 마을이기를 바라는 마음, 40여 년 동안 <청춘을 돌려다오>가 애창곡이었다는 할아버지까지. 직접 뵙지 않아도 경로당 앞에서 글과 그림으로 그분들의 이야기를 읽고 나면 이 마을이 더 가깝게 느껴진다. 오래전에는 범이 나타나기도 했다는 전설을 품은 범고개 마을과 어르신들이 늘 '지금' 같았으면 좋겠다.

(2016)

단풍잎 접시

흐르는 물은 어찌도 그리 급한가
깊은 궁궐은 종일토록 한가한데
은근한 마음 붉은 잎에 실어 보내니
인간 세상으로 쉬이 흘러가기를

당나라 희종 때 우우(于祐)라는 선비가 장안의 한 개울에서 건져 올린 단풍잎에 적힌 시다. 선비는 단풍잎 시를 집으로 가지고 돌아왔다. 황궁을 거쳐 흐르는 냇물인 데다 궁궐이라 하였으니 궁녀가 쓴 것임을 알 수 있었을 것이다. 한 번도 본 적 없는 궁녀지만, 선비는 단풍잎에 적힌 시를 읽고 또 읽었다. 호기심과 함께 연모의 정이 싹튼 선비는 단풍잎에 다음과 같은 시를 써서 궁궐의 상류로 거슬러 올라가 물에 띄워 보냈다.

일찍이 낙엽 위에 애끊는 정념을 지었다고 들었는데
낙엽 위에 시를 지어 누구에게 부쳤단 말인가

그 후 선비는 과거시험에 번번이 낙방하게 되어 어려운 생활을 하게 된다. 당시 나라에도 큰 흉년이 들자 궁에서는 검소한 생활을 위해 궁녀도 줄이게 되었다. 시를 써서 물에 띄워 보낸 한(韓)씨 성의 궁녀도 이때 궁을 나왔다. 그런데 우연히도 선비와 궁녀 한 씨는 같은 집에 머물게 된다. 과거에도 낙방하고 가진 것도 없이 남의 집에서 신세를 지던 우우와 미모와 재력을 겸비한 한 씨 부인은 그렇게 만나 결혼을 하게 되었다.

우우가 간직해 오던 단풍잎 시와 한 씨 부인이 대나무 상자에 간직해 오던 단풍잎 시 덕분이었을까. 두 사람은 서로의 마음을 적어 물에 띄워 보낸 단풍잎을 간직하고 있었던 것을 결혼 후에 알게 되었다. 그 후 단풍잎에 얽힌 애틋한 이야기는 사람들의 입을 통해 글로 전해지게 되었고 후세 사람들은 이 고사(故事)를 붉은 잎의 중매쟁이라는 뜻으로 홍엽량매(紅葉良媒)라 하였다. 또 붉은 잎에 새겨진 시라는 의미로 홍엽제시(紅葉題詩)라 부르기도 했다고 한다.

<신안해저선에서 찾아낸 것들>이라는 전시회를 보러 갔던 날은 약한 비가 흩뿌리던 날이었다. 해저선에서 건져 올린 수만 점의 물품 중 전시 가능한 모든 것을 공개했다는 안내문이 아니어도 전시회장은 마치 수장고에라도 들어간 것 같은 느낌이 들었다. 헤아릴 수 없이 많은 도자기와 28t에 달하는 동전, 자단목 등이 시선을 붙잡았으며 도자기 목침 앞에서 한참을 머물기도 했다. 그러나 전시회장을 나와서도 자꾸 생각났던 것은 작은 백자 접시다. 650년 동안 물속에 잠겨 있다가 뭍으로 올라온 꽃 같은 분홍 나뭇잎 빛깔이 선명한 백자 접시.

이야기는 시간과 함께 옛날과 지금을 연결해준다. 870

년 당나라 때 살았던 한 씨 부인과 우우의 고사가 450년 후인 14세기에 도공의 손에 의해 접시에 새겨진 것은 이야기의 힘이다. 누군가의 주문대로 만들어졌을 수도 있고 선상에서 사용하던 것일 수도 있었던 백자 접시는 무역선이었던 배의 침몰과 함께 신안 앞바다에 가라앉았다. 그리고 20세기에 다시 떠오른 단풍잎 접시는 사람들을 시공을 초월한 상상의 세계로 빠져들게 한다.

流水何太急　　흐르는 물은 어찌 그리도 급한가
深宮盡日閑　　깊은 궁궐은 종일토록 한가한데

당나라 때 궁녀가 지었다는 접시 위의 두 줄 시는 마치 당시 서해를 대변하는 것 같다. 무역선이 침몰하던 그 날 서해의 모습과 주문한 접시를 기다리던 사람의 마음 같은 시 두 줄. 안타깝게도 당나라 때의 궁녀 한 씨가 지었다는 위 시의 나머지 두 줄을 적어놓은 접시는 발견되지 않았다고 한다. 물론, 선비의 시가 적힌 접시도 없었다. 유실되었거나 본격적인 발굴 전에 누군가 도굴해간 것은 아닐까 또 다른 상상만 해 볼 뿐이다. (2016)

이야기를 먹다

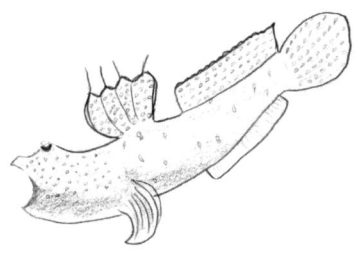

　겨울 아침의 공복은 견디기 힘들다. 더구나 낯선 곳에서 어디 한 곳 고장나 불편까지 가중되면 그 무게는 상상을 뛰어넘는다. 하필 그런 날 아침, 나는 길 위에 있었다. 집이 아닌 곳에서 만난 복병은 두려움을 두 배로 몰고 온다. 신안 증도에서 해남 두륜산으로 이동하며 만난 멋진 일출도 건성으로 바라보고 해발 700여m가 넘는 봉우리까지 올라가는 케이블카를 타면서도 생각은 가슴의 중심에 모였고 손은 명치 주변을 어르고 달래느라 분주했다.

다행히 산에서 내려왔을 땐 한결 견딜만해졌고 허기까지 느껴졌다. 이른 아침이라 문을 연 식당은 많지 않았다. 그때 미리 알아봤던 식당 중 하나가 문을 연 것이 보였다. 우리는 약속이나 한 듯 우르르 들어갔다. 차림표를 보고 고른 끝에 남자 둘은 이곳에서만 맛볼 수 있다는 짱뚱어탕을 시켰다. 나와 친구는 된장찌개와 김치찌개를 주문했다. 불편한 속이 된장찌개로 편안해질 것도 같았다.

그때 곁에 서서 듣고 있던 주인 할머니가 "이 먼디까지 와서 으찌 집에서 먹는 걸 또 먹는다요. 짱뚱어탕 맛보쇼. 여그서는 돈 없으면 이것 못 먹소. 점점 없어져서 마리당 천오백 원이 넘소. 맛있게 해 줄 테니 한번 먹어보쇼." 추어탕과 비슷하다는 할머니의 설명에 우린 짱뚱어탕으로 바꿨다. 할머니는 천천히 주방으로 가더니 커다란 주전자를 들고나왔다. 기다리는 동안 마시라며 컵에 가득 부어주는데 맛을 보니 계피와 생강을 넣고 끓인 차다. 속이 따뜻해졌다.

할머니는 손이 잰 것도 아닌데 금방 짱뚱어탕을 뚝배기 네 개에 가득 담아 들고나왔다. 일어나서 받으려고 하자 손사래를 치며 "기다려보쇼. 내가 사장님덜 두 분은 많이 자시라고 좀 더 담었소. 자, 맛있게 덜 자시우." 한다. 그리고는 주방으로 향하다가 다시 돌아서서 우리를 둘러보며 한마디 한다. "근디, 젊으니께 이쁘요. 젊어 이쁠 때 많이 돌아댕기고 어짜든둥 싸우지 말고 이쁘게 사쇼잉."

짱뚱어탕은 생각보다 맛있었다. 추어탕 한 그릇도 많아서 늘 남기던 나는 속이 불편했던 사람같지 않게 짱뚱어탕 뚝배기를 금방 비웠다. 밥밑으로 넣은 서리태 맛이 구수하여 밥도 반 그릇이나 먹었다. 쌀도 콩도 할머니가 직접 농사지은 것이라 했다. 콩조림도 시금치나물도 굴 무침까지 금방 빈 그릇이 되었다.

냅뜰성있는 지인은 밥을 먹으면서 할머니와 오랜 지기처럼 이야기를 나눴다. 주방에 앉아 우리가 먹는 것을 바라보며 대답하던 할머니가 의자를 끌고 조금씩 조금씩 우리 옆으로 다가와 앉았다. 그리고는 "보기 좋소. 뚱한 얼굴인 사람들은 음식을 맹글어도 재미가 없고 보기가 영 그럽디다. 말 걸기도 어렵고, 이왕 놀러 나왔으면 웃으면 좀 좋소잉? 그란디 이렇게 놀러 다니는 사람덜 보먼 참 부럽소, 저 사람들은 뭔 복이 있어 저리 놀러다닐꼬 싶소, 무슨 유산이라도 받았기나 싶지." 하며 웃는다.

눈으로는 연신 반찬 그릇을 살피며 더 챙겨주던 할머니는 "나는 이자 얼굴에 뭘 발라도 소용없소. 입술 하나 발라도 추해비제. 그러니 젊을 때 곱게 바르고, 또 많이들 다니소" 하며 한숨을 쉬더니 "내가 28년 동안 식당일을 해 왔는디, 젊을 때는 도망가고 싶을 때가 한두 번이 아니었다우. 그런디 그때 지아비나 가장의 책임을 다하지 못하던 건달 남편이 지금은 커다란 울타리가 됩디다. 그러니 서로 사이좋게 잘 지내쇼잉." 했다.

할머니는 올해 일흔다섯이라 했다. 우리가 식당 그만두고 여행도 다니시고 편히 지내셔도 되겠다고 했더니 "늘그막에 어딜 다니누. 조금씩 벌어 손주들 주는 게 낙이지. 그라고 내가 쓸라먼 아까워서 못 쓴다닝께." 하며 연신 시선을 바깥으로 두었다. 주말에 올 손주들을 위해 가

래떡 뽑으러 간 할아버지를 기다린다고 했다.

 짱뚱어탕 한 그릇을 다 비우고 나서 할머니 얼굴을 자세히 보았다. 나를 위해서는 쓰지 못하는 돈을 위해 청춘과 노년을 다 바친 할머니의 얼굴은 해마다 먹는다는 보약 덕분일까, 생각보다 곱고 젊어 보였다.

 섣달그믐을 일주일 앞두고 나섰던 여행을 속앓이로 고생했던 그 날, 할머니의 한 생(生)을 반찬 삼아 먹은 짱뚱어탕 덕분에 불편했던 속이 거짓말처럼 편안해졌다. 때로는 낯선 곳의 식당 밥도 엄마의 손맛이 느껴지는 보약 같을 때가 있다. 남이 해 준 밥이 가장 맛있다는 말이 있는데 거기에 이야기가 더해지니 길 위에서의 하루가 든든했다.

(2018)

달 밝은 밤엔 박달

 도시인들은 대부분 이사에 익숙하다. 나도 메뚜기처럼 여기저기 옮겨 다녔다. 같은 도시 안에서 뜀도 뛰어봤고 그 도시를 넘어 비상하듯 멀리, 토끼 꼬리 부근을 맴돌기도 했다. 그리고 다시 돌아왔다. 안양(安養)의 품으로. 내가 떠나있던 십여 년 동안 안양은 몰라보게 변했다. 내가 살았던 저층 아파트는 고층으로 바뀐 지 오래되었고 아이들이 내려가 뛰어놀던 하천은 그 시절을 품고 어둠 속에 갇혀있었다.

　나는 훌쩍 뛰어오른 집값에 입을 다물지 못했고, 아이는 학교 앞 회화나무 가로수가 훌쩍 자란 것에 놀라움을 감추지 못했다. 그리고 안양으로 돌아와서도 두어 번의 이사 끝에 무슨 인연이었는지 박달동으로 옮기게 되었다. 같은 안양인데 처음 본 듯 낯선 동네, 시흥과 광명에 이웃한 그곳이 안양 복판에 갇혀 살던 내게는 변방의 동네처럼 여겨졌다. 박달동에서도 가장 끝자리에 둥지를 틀기만 했지 모든 일은 먼저 살았던 신도시 안에서 해결했다. 약속 장소도 그곳을 벗어나지 않았고 장을 보는 일도 재래시장보다는 마트가 편했다.

　그러다 천천히 걸어 다니면서부터 동네가 익숙해지기 시작했다. 버스나 승용차로만 이동하던 곳을 두 발로 걷다 보니 마을이 가깝게 느껴졌다. 볼일을 보고 골목길로 걸어 오거나 일부러 중간에서 버스를 내려 안양천 산책로를 걸어오며 이것저것 구경하는 일이 즐거워지기 시작했다. 그러는 동안 친목마을이 주택단지로 바뀌는 과정을 보았으며 삼봉마을 한편이 삽으로 떠내듯 사라지고 도로

가 생기는 것도 보았다. 사라진 것들에 대한 아쉬움은 가끔 찾아가는 호현마을의 골목에서 위로를 받곤 한다. 그리고 도로변 회색 벽돌담에 생기를 불어넣으면 좋겠다는 생각을 하게 되었을 즈음, 버스정류장에서 '어서 와 우리 동네' 프로젝트 안내문을 보게 되었다.

어리네 프로그램을 기획한 '주밍안양'은 사라져가는 안양의 옛 모습과 지금의 사람을 기억하고 사랑하려는 젊은 이들의 모임이라고 했다. 단발과 지속적인 활동을 통하여 지역의 다양한 문화와 예술 소식을 공유하며 안양에 사는 사람들 사이의 징검다리가 되어주려는 친구들이다. 2013년 페이스북으로 시작한 이들의 활동은 여러 가지 프로젝트로 안양 구석구석을 살피며 사람들 사이에 불을 밝히고 있다.

그렇게 어서 와 우리 동네, 일명 '어리네 프로젝트'에 참여한 지 두 달이 훌쩍 지났다. 초등학생부터 누구나 참여 가능하였으나 신청한 사람은 20대부터 70대까지 다섯 명이었다. 낮은 지붕을 쓰다듬듯 전깃줄이 얼기설기 엉킨 골목길을 가장 좋아해서 틈만 나면 골목길을 찾아 걷는다는 젊은 친구와, 일을 마치고 수암천 물소리 들으며 집으로 가는 시간이 제일 좋다는 대학생과 여든을 앞둔 연세에도 열정적으로 문해 교육과 마을 알리기에 앞장서신다는 어르신까지.

다섯 명의 박달지기는 마을 구석구석을 함께 둘러보고 각자의 추억이 담긴 장소를 공유하고 정보전달이 아닌 이야기가 담긴 동네 밀착형 지도와 영상을 제작하는 데 참여했다. 또 자신만의 상징적 장소를 아크릴 판화로 남겨보기도 했다. 나는 집으로 오는 길 주변의 꽃밭을 그렸다. 천일홍을 비롯하여 풍접초와 쥐똥나무 울타리 너머 망초가 어우러진 모습이 꼭 우리 마을 모습 같았기 때문이다.

프로젝트의 마무리로 주민센터 옥상에서 음악회가 열린다고 했을 때, 날짜를 보며 말복도 지났을 때니 선선한 저녁 바람을 느낄 수 있는 시간이 되리라 생각했다. 하지만 날마다 사상 유례없는 더위라는 뉴스가 전면을 장식한 지 한 달이 넘도록 불볕더위는 가라앉을 줄 몰랐다. 외려 올림픽 기간에 맞춰 저만의 신기록을 작성하며 맹위를 떨쳤다.

  한낮의 뜨거운 열기가 식지 않은 시간, 일곱 시에 집을 나섰다. 평소 같으면 걸어갈 길을 버스로 도착하니 '밝은 달엔 옥상' 포스터가 반겼다. 박달지기들이 추억이 될 장소를 찍은 사진은 엽서로 제작되어 옥상을 밝혔고 날벌레를 쥘부채로 쫓으며 지역주민들은 옥상 음악회를 즐겼다. 이틀간의 작은 음악회는 지난 두 달 동안 땀 흘리며 애썼던 젊은 친구들의 활동을 격려하듯 더위에도 많은 사람이 찾아주어 뜻깊은 시간이 되었다.

  바쁘게 살아도 느리게 살아도 내가 사는 마을을 구석구석 둘러보기란 쉽지 않은 일이다. 작물과 나무가 푸른빛을 잃지 않고 사람들이 일상을 유지해가고 있는 것이 신기할 정도로 더웠던 지난여름이다. 삼복에도 아랑곳하지 않고 밝고 넓게 두루 통하는 마을(博達) 곳곳을 누비던 그 친구들이 있어 더운 여름을 잠시라도 잊으며 버티는데 많은 도움이 되었다. 또 옛 마을과 새 동네가 공존하고 군부대에 공업지대와 녹지가 뒤섞인 우·리·마·을과 사람들에 대해 좀 더 자세히 알게 되었다는 것은 고마운 일이다.

(2016)

섬에 들다

"건강 챙겨야 혀."

 노인이 고봉밥 담듯 꾹꾹 눌러 힘주는 말을 마을 이장이 가슴에 받아 적는다. 젊은 날, 홍어를 잡아서 판 돈으로 배를 샀다던 그는 이제 망구의 주름에 갇혀있다. 언제 오시냐는 이장의 물음에 언제 오겠냐며 무심히 던진 말이 흐린 날 물빛처럼 무색이다. 이삼 년 안에는 갈 것이라는 한마디가 낚싯줄처럼 허공을 가르며 바다에 떨어진다. 이미 갈 날을 받아놓은 것처럼 덤덤한 노부부 앞에 바다가 있다. 오늘 노부부 앞의 바다는 저승사자다.

고기를 잡으러 나갈 땐 바다가 보물창고였다. 뭍으로 나갈 때 바다는 다리였다. 고기 잡아 돌아오고, 볼일 보고 다시 돌아오던 바다를 오늘은 영영 떠난다. 집으로 돌아오는 배 안에서 보던 섬을 이제는 꿈속에서나 볼 것이다.

그 바다를 건너 뭍으로 나가는 날, 짊어진 배낭 하나에는 당신들의 백칠십 년 역사가 담겨있다. 부부의 손때 묻은 세간과 어구는 오늘부터 주인 없는 일기를 새로 쓸 것이다. 가끔은 이장의 노모가 빌려 쓰고 바다 냄새 상자에 담아 택배로 보낼 것이다. 팔순 노부부는 택배 상자 속에서 섬을 꺼내 보고 냄새를 맡으며 또 갈 날을 기다릴 것이다.

이제 노부부가 떠나면 북어 한 쾌 정도의 섬사람들 자리 두 개가 빈다. 그래도 느는 것이 있으니 빈집 숫자다. 올해만도 벌써 네 집이 떠났다고 한다. 아직은 빈집들에 남아있을 온기를 느끼려 이장의 어머니가 노모 차를 밀고

간다. 농작물만 사람의 발소리를 듣고 자라는 건 아니다. 집도 길도 꾹꾹 밟아야 덜 낡고 쉬이 스러지지 않는다.

  비 오는 날, 이장의 노모가 신발도 벗은 채 들깨 모종을 옮겨 심는다. 쏟아지는 비를 등으로 받으며 발을 씻는 노모의 발가락이 신령스러운 기운을 담고 있다는 바위산 능선처럼 얽혀있다. 노모의 한평생을 발가락으로 읽는다.

  발을 씻으며 이장의 노모는 내가 초등학교만 나왔어도 대통령이 되었을 것이라며 멋쩍게 웃는다. 가만히 생각해 보니 맞는 말이다. 어머니는 대통령이다. 가정을 지키고 땅을 섬기며 바다를 가르는 대통령이다.

  갈 날만 남은 사람들이 사는 섬, 그곳에는 섬을 잃을까 두려운 이장과 사무장이 있다. 가장 젊은 사람들이다. 둘은 어릴 적 동네에서 알아주는 '꼴통'이었고 '걔랑 놀면 사람 버린다.'는 말을 들을 정도로 개구쟁이였다는데 이제 섬에 없어서는 안 되는 보물이 되었다.

  둘은 이장과 사무장이라는 직함이 있다. 하지만, 실제 하는 일은 머슴이나 다름없다는 이장의 말처럼 온갖 일을 다 한다. 노인들의 발(足)이 되어 주는 이장과, 맥가이버 같은 손(手)을 가진 사무장이 없으면 섬은 무인도나 다름없다. 사무장은 영산도가 2012년 국립공원 명품 마을로 지정되며 벽화마을을 조성할 때, '모든 회는 내가 썬다.'고 썼다. 이장은 '썰어 먹기 좋게 잘 그렸네.'라고 했으니 글에서도 손발이 척척 맞는 이장과 사무장이다.

섬에서 돈이 되는 건 미역과 홍합이다. 그런데 금어기를 정해 일 년에 겨우 한 달 정도만 함께 채취해 공동 분배를 한다. 관광객이나 낚시꾼을 받으면 돈이 될 텐데 엄격히 제한한다. 섬의 환경을 지키기 위해서다. 관광객은 하루에 55명만 영산도에 들어갈 수 있다. 낚시꾼은 아예 받지 않는다. 갯바위를 지키기 위해서다. 섬에는 자동차도 없다. 그래서 사람들은 그들이 사는 섬을 '바보 섬'이라 부른다고 한다. 이장과 사무장은 바보 섬, 영산도를 지키기 위해 섬의 머슴을 자처한다.

하지만, '바보 섬'으로 불리는 것도 사람이 살 때 이야기다. 사람들이 계속 떠난다면 정말로 십 년 후면, 지금 가장 젊은 사무장과 이장, 섬을 지켜준다는 다섯 분의 신만 남을지도 모른다. 그런데 갈 날이 더 가까운 어른들과 이장과 사무장만 있는 섬의 미래는 이장의 아들이 될지도 모르겠다.

　낚시 신동이라는 이장의 아들은 영산도의 이장을 꿈꾼다. 여자 친구가 이장이 되면 결혼하겠다고 했다니 그렇게 된다면 섬이 젊어질지도 모르겠다. 이장을 꿈꾸는 청년이 바다를 향해 던지는 낚싯줄이 팽팽하다. 영산도의 미래다.

(2019)

4.
사라지다

오이를 사다가 찬밥 갈아 넣고 후다닥 김치로 만들어주셨던
일은 지금도 잊지 못한다. 두 아이 육아에 지쳐있던 때라
그랬을 것이다. 그 오이를 샀던 하우스가 지금은 아파트촌으로
나이가 먹은 평촌이다.

와룡산 한 그릇
그녀의 만찬(晩餐)
새롭다, 새(鳥)
네마탄서스
사라지다
먹다
미루나무
항아리
버즘나무
세 할머니
미국자리공
모나크나비

와룡산 한 그릇

한 달에 두세 번 안양천생태이야기관에 간다. 집에서 천천히 걸으면 30분, 자전거로는 10분 거리다. 날이 좋으면 자전거를 타고 가고 비 오는 날은 안양천을 기웃거리며 천천히 걸어간다. 가을엔 걸어갔다가 와룡산을 넘어온다. 그런 날은 소풍 가는 것처럼 설렌다. 하지만 2km도 채 안 되는 길을 혼자 걸으려면 마음은 시계추가 된다. 그래도 잎이 무성한 여름을 제외하고 앙상한 나목이

드러난 겨울이나 파스텔 같은 연둣빛 새잎이 돋는 봄에는 주저하지 않고 산길을 택한다. 특히 단풍 드는 가을에는 더 그렇다.

그날은 산으로 들어서는 길이 이틀 동안 내린 비로 촉촉하게 젖어있었다. 도로를 벗어나 산길로 들어서니 전에는 보이지 않았던 황금빛 은행 겉껍질과 갈색 도토리 껍질이 수북했다. 어느새 가을이 깊어 있었다. 손으로 깐 것 같은 도토리 껍질에서는 어느 할머니의 손길이 느껴졌다.

조금 더 올라가니 온통 참나무 열매 세상이다. 크고 작은 도토리는 비 온 뒤라 막 세수한 아이 얼굴처럼 말갛고 반들거리기까지 했다. 그날, 그것들을 할머니처럼 하나하나 주워서 집으로 가져왔다. 처음에는 산짐승의 겨울 양식이라는 생각에 몇 번을 주저했다. 하지만, 등산로 양쪽을 점령하다시피 한 열매를 눈으로만 보기에는 아까웠다. 가끔 다니는 곳이지만, 한 번도 다람쥐나 청설모를 만나지 못했다. 그러니 미안한 마음이 덜 들기도 했다. 설령 어딘가에 있어도 조금만 나눠 먹으면 되겠다는 생각이 들자 마음이 급해졌다. 더불어 손놀림까지 빨라졌다. 도토리를 보면 할머니가 먼저 떠올라서일지도 모르겠다.

할머니는 가을이 오면 산에 자주 가셨다. 집에서 그리 멀리 않은 산엔 키 작은 졸참나무가 많았다. 나도 할머니를 따라 갈색으로 여문 졸참나무 열매를 따거나 주웠던 기억이 있다. 모아온 도토리를 멍석에 쏟아놓으면 열매를 되작거리며 콩 배와 알밤을 찾아내는 재미가 쏠쏠했다. 옛 생각에 빠져 길섶에서만 줍다가 떨어진 열매를 좇아 차츰차츰 길 안쪽으로 들어갔다. 땅은 비에 젖은 낙엽의 깊이를 알 수 없을 정도로 푹신했다. 갑자기, 벌(蜂) 생각이 나며 등골이 오싹해졌다. 벌에 대한 후유증은 오래전 가을부터 생긴 일이다.

벌(蜂) 생각에 놀라 줍기를 멈추었지만, 집에 돌아와 바구니에 쏟아놓고 보니 도토리 양이 꽤 되었다. 하지만, 유년의 추억을 벗 삼아 주워온 도토리는 어느새 애물단지가 되었다. 꽃을 보듯 열매도 보는 것에서 멈췄어야 했다. 껍질도 벗겨야 하고 말려서 가루를 내 물에 우려내어 녹말을 만드는 것까지 쉬운 일이 아니었다. 풀기 어려운 숙제를 미루고 미루듯 도토리 봉지는 한동안 베란다에서 뒹굴었다.

그냥 되는 것은 없다. 맛있는 것을 먹으려면 시간과 공력을 들여야 한다. 우여곡절 끝에 얻은 결과물을 앞에 두고 보니 열매를 욕심냈을 때부터 시작된 지난했던 과정들이 떠올랐다. 그 선물을 펼쳐보는 시간은 아주 느리게 흘렀다. 한동안 그것들은 아예 물에 잠겨 정체기를 보내기도 했다. 참나무 열매의 변화를 보며 나는 자주 어린 시절 기억을 떠올렸고 완성된 도토리묵을 먹으며 할머니와 나 사이에 있었던 일들을 추억했다.

와룡산 표 도토리묵, 내가 만든 슬로푸드 중 가장 내세울 만한 것이다. 하지만, 내가 내게 주는 이런 선물은 이번만으로 족하다. 다시는 도토리를 줍지 않을 것이기 때문이다. 그래도 손수 가루를 내서 만든 도토리묵은 꽤 맛있었다.

(2018)

그녀의 만찬晚餐

종일 흐린 하늘을 열고 저녁이 왔다. 점심 먹고 돌아선 게 금방인 것 같은데 밥때는 시계보다 빠르다. 반찬 고민에 빠져있을 때 사진 한 장이 날아왔다. 평소, 바쁘다고 몸 관리한다고 이런저런 이유로 세끼 밥보다 챙겨 먹는 비타민 가짓수가 많은 동생이다. 그런데 오늘 저녁은 상 다리가 휘어질 만큼 푸짐하게 차렸다.

두릅과 엄나무 순에 강된장만으로도 한 그릇 뚝딱할 것

같은데 햇고사리 볶음과 각종 나물무침까지 푸짐하다. 파김치와 열무김치, 배추김치도 보이고 노란 계란찜과 생선조림에서는 김이 나는 듯하다. 토마토스튜와 달래 간장 없은 연두부에 각종 콩과 호박고구마를 넣은 윤기가 자르르한 밥까지. 오갈피와 엄나무순, 고사리는 직접 채취해 왔다고 하니 시간과 정성을 꽤 들인 한 끼다.

먹고 나면 건강해질 밥상 사진을 보는 것만으로도 기분 좋다. 바빠서 집밥보다는 바깥 음식에 기대 빛을 못 봤던 동생의 손맛이 모처럼 기지개를 켰으니 밥상에 둘러앉은 사람들도 행복했겠다.

동생의 밥상 사진은 얼마 전 읽은 《바베트의 만찬》을 떠올리게 했다. 마르티네와 피판이라는 자매에게는 청빈한 목사로 생을 마친 아버지가 있다. 자매는 젊은 시절에 찾아온 사랑도 추억으로 간직하며 아버지를 따라 소박한 청교도로 살아간다. 독신인 자매는 마을 사람들과 함께 경건한 삶을 유지하려 노력하지만, 시간이 갈수록 사람들 사이엔 갈등과 분쟁이 싹튼다. 그때 자매의 집에 찾아온 사람이 바베트다.

자매는 프랑스 혁명으로 가족을 잃어 갈 곳 없는 바베트를 받아들였고 그녀는 그들을 위해 무보수로 요리와 청소를 한다. 자매는 그녀를 받아들이기 어려울 만큼 재정이 좋지 않았으나 바베트가 살림을 하고부터 점점 나아진다. 좋은 물건을 싸게 사고 자연에서 음식 재료를 구해 정성껏 끓인 수프는 자매뿐만 아니라 마을 노인들의 입맛까지 사로잡았다.

그리고 십사 년이 지난 어느 날, 바베트는 만 프랑이라는 거액의 복권에 당첨된다. 바베트는 당첨금으로 동네 사람들을 위해 요리 대접을 하고 싶어 했다. 마침 세상을 떠난 자매의 부친이 백 세 생일을 앞둔 시점이었다. 자매의 허락을 받은 바베트는 휴가까지 내어 멀리 나가 음식 재료를 구해왔다. 그런데 자매는 음식 재료로 들여온 살아있는 메추라기며 거북이를 보고 자신의 집이 마녀의 잔치판이 되는 악몽을 꾼다. 급기야는 마을 사람들과 모여 그녀의 정성이니 먹기는 하되 음식 이야기는 절대로 하지 말자는 약속을 한다.

만찬 날에는 동네 사람뿐만 아니라 젊은 시절 마르티네

를 사랑했던 로벤히엘름 장군이 숙모와 함께 그 자리에 합석한다. 장군은 요리를 먹을 때마다 익숙한 맛에 놀란다. 바로 프랑스 최고의 레스토랑인 카페 앙글레에서 먹은 요리와 똑같았기 때문이다. 흥분한 장군은 사람들에게 요리나 와인 이름을 꺼내며 대화를 시도한다. 하지만 동네 사람들은 음식 이야기 대신 목사가 생전에 일으켰던 기적과 자매들이 베푼 친절을 떠올렸으며 서로 반목하고 시기하며 속이기도 했던 자신들의 과거를 돌아봤다. 음식을 먹을수록 점점 자신들의 몸이 가벼워지는 것을 느낀 그들은 화해와 반성으로 화합하는 따뜻한 시간을 만들어 냈다.

바베트는 그저 정성껏 음식을 만들고 제시간에 나갈 수 있도록 애쓸 뿐이었다. 그녀의 상기된 얼굴은 프랑스 최고의 레스토랑 카페 앙글레 주방장 시절로 돌아가 있는 것 같았다. 바베트는 그렇게 12명의 만찬 준비로 복권 당첨금인 만 프랑을 다 써버렸다. 카페 앙글레에서는 열두 명을 위한 식사 재룟값이 만 프랑이었던 까닭이다. 빈손이 된 그녀를 걱정하는 자매에게 바베트는 자신은 위대한 예술가이기에 절대 가난하지 않다고 말한다. 사람들을 위해 요리를 했지만 그건 자신을 위한 것이기도 했기 때문이다.

책은 《아웃 오브 아프리카》로 유명한 덴마크의 이자크 디네센이라는 작가가 썼는데 가브리엘 엑셀 감독이 1987년에 영화로 찍었다. 영화에서 바베트 역은 프랑스 배우 스테판 오드랑이 맡았다. 그녀가 음식을 만드는 것을 보고 있으면 정말로 유명 요리사인 것처럼 느껴졌다. 실제로도 그녀는 미식가였다고 한다. 책 표지처럼 영화 배경인 어촌마을도 무채색이었으나 따뜻하다는 느낌을 받은 것은 바베트 역의 스테판 오드랑 덕분이었다.

동생은 내일도 나물을 뜯으러 간다고 한다. 식구도 단출한데 산으로 들로 자주 나서는 이유를 물으면 나누어 줄 사람이 많아서라는 답이 돌아온다. 그래서 그 시간이 즐겁고 행복하다더니 차린 밥상을 보니 어떤 기분인지 알 것 같다. 함께 모여 음식을 먹는다는 건 지나간 추억을 불러내 현재의 모난 마음을 궁굴리며 앞날을 도모하는 하나의 의식 같다. 뜯어온 나물을 주변과 나누고 때로는 음식을 만들어 사람들과 함께 먹는 일이 즐겁다는 동생의 추억 통장은 오늘 밤, 또 배가 부르겠다.

(2020)

새롭다, 새鳥

 수료증을 받았다. 한겨울에 시작해서 육 개월 가까이 매주 화요일 밤에 진행된 수업의 결과다. 사실, 수료증과 케이스에 어울릴 만큼 열심히 한 것은 아니다. 그저 성실한 수강생에게 주는 정근상과 같다. 하지만, 추위와 원거리를 마다치 않고 다니며 저축된 것이 있을 테니 뜻깊긴 하다.

지난해 연초, 집에서 가까운 곳에 있는 전시관에서 환경대학 수료자를 대상으로 해설봉사자를 모집했다. 아는 꽃이나 나무를 보면 이름을 불러주고 안양천의 변화하는 모습을 보는 것이 즐거운 일 중 하나였다. 그러니 깊이 생각할 것도 없이 덜컥 발을 디딘 것이 안양천생태이야기관 해설 봉사였다.

너울가지는 없어도 아이들 앞에 서고 있으니 전시관 해설 정도는 할 수 있을 것이라는 마음도 없지는 않았다. 그러나 궁금한 것을 책으로만 보는 것은 한계가 있었고 깊이가 없으니 나올 물이 없어 목이 말랐다. 그러던 차에 새의 세계도 재미있으니 한번 귀 기울여보라는 봉사자의 권유로 자주 들을 수 없다는 새(鳥) 이야기를 듣기 시작했다. 그게 삼한사온이 무색했던 무술년 이월이다.

어제보다 오늘이, 오늘보단 내일이 더 추울 것이라는 뉴스가 날마다 반복되었다. 동파사고 소식을 뉴스가 아닌 아파트 단지 내 방송을 통해 수시로 들었다. 그 아파트에 6년 넘게 살면서 그런 안내방송은 처음 들었다. 외출하려고 집을 나섰다가 일 층 집이 얼음집으로 변한 것을 보았다. 동파로 밤새 흘러나온 물이, 베란다 밖과 화단을 지나 보도 위까지 두껍고 단단한 빙벽과 빙판을 만들어놓았다. 빙벽은 며칠이 지나도 사라지지 않을 정도로 추위의 기세는 누그러들 기미가 보이지 않았다.

이상하게도 외출이 잡힌 날은 여지없이 더 추웠다. 아무리 추워도 할 일은 해야 한다. 하지만 매주 화요일 밤, 새 이야기를 들으러 가는 날의 추위는 늘 절정에 달했다. 꽁꽁 싸매고 두껍게 껴입어도 손이 시린 겨울밤. 맹추위에도 아랑곳없이 사람들이 모였다. 여남은 사람이 옹기종기 모여 새 이야기를 듣고 새 사진을 보며 신기해하던 교실은 따뜻했다.

설렘 속에 찾아간 첫날, 수강자 대부분이 새 세계에 꽤 조예가 깊다는 것을 알게 되니 적잖이 의기소침해졌다. 내가 본 새라고는 고작 참새를 비롯하여 까치, 까마귀, 오리, 뱁새, 직박구리, 왜가리, 백로 정도였다. 그도 모두 하나의 새로만 통칭했다. 내가 알고 있는 식물, 나무는 그분들에 비하면 말 그대로 새 발의 피였다.

늘 한자리에서 만날 수 있는 식물과 달리 움직이는 새

를 관찰하는 일이 호락호락한 것도 아니었다. 겨우 몇 개의 새 이름을 알 뿐이었는데 한반도에서만 기록된 새의 종류가 541종이라니 놀랍기만 했다. 사라지는 종도 있지만, 추가되거나 새로운 이름을 얻는 새도 있으니 그도 불변한 것은 아니다. 관심을 두고 보니 주변에 생각보다 많은 종류의 새가 있었다.

알게 되면 보이고 보이면 자꾸 찾게 된다. 수업을 듣기 시작하면서 이야기관 당번인 날에 매번 옥상으로 올라간 것은 새를 보기 위함도 있었다. 그날 옥상은 돌계단 위에까지 남아있는 잔설이 서쪽으로 기우는 햇볕을 받아 깨끗하고 맑게 빛났다. 가장 먼저 망원경으로 물가 버드나무 가지 아래 쉬고 있는 원앙들을 찾아봤다. 수컷의 부채같이 아름다운 오렌지빛 셋째 날개깃이 눈에 들어왔다. 원앙들 사이에 고방오리와 청둥오리도 보였다.

비오리까지 찾아보다가 시린 손을 감싸 쥐고 아래층으로 내려오는데 눈 위에 찍힌 새 발자국이 보였다. 새는 경중경중 뛰어 잔디밭에 들어갔다가 다시 하늘로 날아오른 듯 발자국이 끊어졌다. 흔한 까치일지도 모르는데 선명하게 남은 새 발자국을 보며 가슴이 두근거렸다. 눈 위의 새 발자국처럼 확실하고 정확하지는 않아도 새들을 보고 대하는 또 다른 나를 봐서였을 것이다.

생명 있는 모든 것은 그들만의 언어를 갖는다고 생각하지만, 실상은 인간 이외의 언어에 둔한 편이다. 그나마 관심을 두고 보는 식물도 식물편이 아닌 내 편에서 바라보고 해석하려 했다.

이제 산에 가면 새소리에 귀를 기울이게 된다. 그동안의 배움으로 어치와 쇠딱따구리, 박새, 딱새를 제대로 본 것만도 감사하다. 그런데 받아온 수료증을 펴보니 이름도 거창한 '조류탐조 안내자 양성 기본과정'이다. 안내자와는 거리가 한참 멀지만, 활자화된 수료증을 받고 보니 새에 대한 공부는 이제부터라는 생각이 든다. 우선 첫 수업때 추천해준 탐조 때 필요하다는 작은 망원경부터 장만해야 겠다. 새들을 조금 더 자세히 보기 위한 첫 숙제쯤 되겠다.

(2018)

네마탄서스

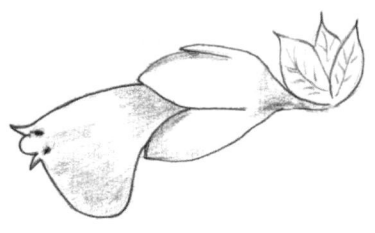

노란 화분에 씌워둔 검은 비닐봉지가 봉분처럼 솟아올랐다. 지난밤, 자기 전에 봤을 땐 큰 변화가 없었으니 분명 밤사이에 생긴 일이다. 봉지를 걷어내니 발도 없이 꼬리만 긴 콩나물 몇 개가 바닥으로 뛰어내린다. 화분 주변이 금방 노란 음표들로 넘쳐난다. 며칠 전만 해도 마른 콩이었는데 변화가 낯설다. 성격 급한 사람처럼 위로 먼저 솟아오른 콩나물 몇 줌을 살살 뽑아낸다. 오늘 아침에는 콩나물국을 끓여야겠다.

  콩나물시루가 된 화분은 작은 나무를 지고 내게 왔었다. 하지만 관상만 잘할 뿐 제대로 기를 줄 모르니 두 달 만에 빈 그릇이 되었다. 노란 화분은 처음부터 나를 사로잡았다. 친구가 사 들고 온 두 개의 화분 중 하나였다. 투명한 비닐 포장을 뚫고 나올 듯한 진초록의 당당한 모습과 싱싱함이 좋았다.

  서로 마음이 통했던 걸까. 친구는 날 생각하고 고른 식물이라 했다. 이름표에 맨해튼이 아닌 '맨하탄'이라 적혀있었다. 노란색 화분과 초록색 식물이 잘 어울렸다. 집에 돌아와 씌워놓은 투명비닐을 벗기니 푸른 잎 사이 꽃 몇 송이가 매달려있는 것이 보였다. 피기 전인 봉오리가 발그레하게 물들어있었다. 붉은 꽃받침을 뚫고 나온 꽃은 첫날 보았을 때는 금붕어를 닮은 것 같더니 며칠 후에는 한때 어항에 키웠던 구피 같았다.

  금붕어꽃, 붕어초, 복어꽃, 펠리컨으로도 부르고 나막신으로도 불리는 이 꽃의 표준국명을 국립수목원에서는 '네마탄서스(nematanthus)'라고 밝혀놓았다. 맨하탄은 수입

후 유통되는 과정에서 생긴 잘못된 이름이라고 한다. 맨하탄이든 네마탄서스든 중요한 것은 내가 그 예쁜 식물을 죽였다는 것이다. 꽃집 주인이 적어놓은 대로 일주일에 한 번, 요일까지 적어놓고 물을 너무 잘 주었던 것이 잘못이었다. 문제는 물의 양이었을 텐데 건조한 곳을 좋아한다는 이 식물의 특성을 알 리 없었으니 아마도 물을 듬뿍 주지 않았을까 싶다.

네마탄서스는 이상하게도 대부분이 갖고 있는 꽃말이 없다. 우리 집에 있는 꽃기린도 '고난의 깊이를 간직하다.'라는 제법 그럴듯한 꽃말이 있고 비실비실하다가도 물만 주면 살아나 꽃을 피우는 일일초도 '우정'이라는 꽃말이 있다. 꽃 보기가 어렵다는 해피트리에는 이름처럼 '행복하세요', 아마릴리스는 '수다쟁이, 은은한 아름다움'이라는 이름 이외의 꽃말들을 지니고 있다.

프랑스에서는 '꽃말'을 이용하여 문장을 만들고 그것에 리본을 맨 보릿짚이나 버들가지를 곁들여 꽃을 보내는 이의 이름을 나타낸 시대도 있었다고 한다. 이름과 꽃말을 다 기억하고 키우는 것은 아니지만, 꽃말이 없다는 것은 꽃에 얽힌 이야기가 없다는 것 같아 왠지 속이 비었다는 느낌도 든다. 그렇다고 꽃말이 없어서 가치가 떨어지는 것은 아닐 것이다.

  자라면서 목질화된다는 네마탄서스, 친구의 바람처럼 나무의 그늘을 넓게 펴주지는 못했으나 노란 화분을 볼 때마다 '맨하탄'이라 적혀있던 메모가 생각난다. 싱싱했던 네마탄서스는 사라지고 대신 휴대폰에 사진으로만 남아있다. 꼭 '맨하탄'을 기억하라며 내민 줄을 끝까지 붙들지는 못했으나 콩나물을 길러 먹을 때마다 친구를 생각하는 마음만은 바래지 않을 것이다.

  처음에 '매주 물주기'라고 적었던 메모를 떼어내고 이번에는 '수시로 물주기'로 바꿔서 붙여놓았다. 그리고 듬성듬성해진 노란 콩나물 화분에 수돗물 대신 생수를 부어주고 있다. 이제야 화분에 면이 좀 서는 것 같다. 아니 친구에게 미안함을 덜 갖는다는 것이 맞겠다. 물 관리를 제대로 못 해 선물 받은 식물을 잃고 나서 혹시라도 그 녀석의 안부를 물어오면 어쩌나 마음이 쓰였다. 그런데 빈 화분으로 뒹굴지 않게 되었으니 얼마나 다행인가. 굴러다니다가 콩나물시루로 거듭난 노란 화분의 환골탈태다.

(2019)

사라지다

그런 장소가 있다.

자주 가지는 않아도 언젠가 다시 가보고 싶은 마음으로 저축해두는 곳. 친구 아들 결혼식에 참석한 벗들과 우연히 들렀던 카페도 그중 하나였다. 가볍게 차 한잔하자는 생각으로 들어간 그곳에서 우리는 꽤 긴 시간을 보냈다. 멀리서 온 친구와 오후부터 저녁까지 시간 가는 줄 모르고 이야기꽃을 피웠던 그 날은 그대로 액자가 되어있다.

늘 그 자리에 있을 것만 같았던 카페가 사라진 걸 안 것은 얼마 전이다. 요즘 한 집 건너 한집인 가까운 카페를 마다하고 일부러 찾아간 그곳은 사람 온기 하나 없는 음습한 창고처럼 변한 지 오래였다. 사라진 것에 대한 서운함을 뒤로하고 건물을 나올 때 오래전 친구들과의 추억도 날아간 것만 같아 무척 아쉬웠다.

버스를 타고 다니게 되면 책을 보듯 간판을 읽게 되고 때로는 필요한 것이 생길 때 그곳을 떠올리며 찾아가기도 한다. 그런데 요즘 들어 눈에 익은 간판들이 사라지고 새 가게가 들어서는 것을 자주 본다. 주택가 공터를 뒤덮었던 좀씀바귀의 노란 꽃물결을 몰아내고 들어선 가건물은 그나마 다행이다. 있던 가게가 사라지고 다시 생기는 변화는 그동안 없지 않았을 것이나 최근 들어 눈에 띌 만큼 많아진 것은 그만큼 경기가 좋지 않다는 게 아닐지. 그래서인지 계절이 바뀌어 갈아입는 옷처럼, 바뀐 새 간판을 볼 때마다 호기심보다 먼저 안타까움이 앞서곤 한다.

지난겨울, 두어 번이나 긴 줄을 서서 기다렸다가 빵을 사 먹었던 가게가 있다. 판매 전략인지 하루에 몇 번, 빵이 구워진 시간에만 문을 여는 게 신선해 보였다. 빵이 나오는 시간이 가까워지면 사람들이 가게 앞으로 하나둘 모여들어 줄을 서기 시작했다. 번호표를 받고 기다렸다가 받은 빵은 밭에서 막 뽑아낸 신선한 채소 같은 느낌이었다. 그런데 얼마 전 그 앞을 지나며 보니 몇 달 만에 분식집으로 바뀌었다.

오랫동안 은행이었던 곳은 내겐 특별했던 장소지만 지금은 생활용품 가게로 바뀌었다. 살아계셨다면 백수를 넘기셨을 먼 친척 아주머니가 그 건물 위층 보험회사에 다니셨다. 아이가 태어나기 전부터 자주 들러 교육보험을 들도록 해주셨는데 큰 금액은 아니어도 아이들이 고등학교 졸업할 때까지 도움이 되었다. 또 오이를 사다가 찬밥 갈아 넣고 후다닥 김치로 만들어주셨던 일은 지금도 잊지 못한다. 두 아이 육아에 지쳐있던 때라 그랬을 것이다. 그 오이를 샀던 하우스가 지금은 아파트촌으로 나이가 먹은 평촌이다.

대형 동물병원 맞은편에 있던 작은 동물병원은 지난해에 과일가게로 바뀌었다. 그런데 얼마 전에 보니 다시 정육점이 들어섰다. 가장 놀라웠던 것은 건물 외관을 반짝반짝 빛내던 새로 생긴 치과가 사라진 일이다. 재래시장을 곁에 둔 상가들의 간판은 오래된 이력을 알리듯 적당히 빛이 바랬고 터줏대감처럼 큰 변화가 없는 곳이기도 했다. 그런 곳에 새로 생긴 병원은 지나가는 버스 안에서도 눈에 확 띄는 큰 길옆 건물 2층이었고 네온사인도 화려하게 빛났다. 그런데 생긴 지 얼마 되지도 않은 병원이 감쪽같이 사라졌다. 병원이 무슨 부동산 떴다방도 아니고 저렇게 쉽게 문을 닫아도 되나 싶었다.

집 근처 사거리의 해장국집은 내겐 하나의 이정표나 다름없던 곳이다. 한 번도 들러서 먹어 본 적은 없지만 ○○ 사거리 하면 해장국집을 먼저 떠올릴 만큼 익숙한 곳이다. 만원 버스에서 상호를 보며 내릴 정류장 수를 가늠했던 식당인데 얼마 전에 사라지고 저렴한 가격을 내세운 콩나물국밥집으로 바뀌었다. 하기는 오래된 동네가 깡그리 사라지고 일이 년 만에 주택보다 더 높은 아파트가 들어서는데 가게 하나 사라지고 다시 생기는 게 뭐 대수일까 싶기도 하겠다. 하지만, 사라지고 다시 생긴 상점들의 속내를 알 수는 없으나 시작하기 위해 준비했을 시간과 집기들, 폐점 후 다시 처리해야 할, 같은 일의 반복을 생각하면 내 일이 아니어도 착잡한 기분이 든다.

새로 내건 상호주변에는 아직도 사라진 가게 이름이 어른거린다. 거기엔 지나간 시간 속 소소한 일상들이 환영처럼 매달려있다. 사라졌다고 했으나 사실 사라진 것은 이름뿐, 건물은 그대로이다. 그러니 사람처럼 몸은 그대로인데 마음이 자꾸 바뀌는 것과 같다고나 할까.

<모든 사라지는 것들은 뒤에 여백을 남긴다>는 고정희 시인의 시 제목이 떠오른다. 시인은 무덤에 잠드신 어머니가 선산 뒤에 말씀보다 더 큰 여백을 걸어두셨다고 했다. 나를 품고 길러주신 어머니가 걸어둔 여백만은 못하겠으나 시인의 말대로 모든 사라지는 것들은 나름 자신만의 여백을 숙제처럼 남긴다. 그것은 후회와 반성이 될 때도 있고 그리움과 아쉬움일 때도 있다.

그런 장소가 있다.

(2017)

먹다

 오늘도 두 아이는 주스 한 컵 마시고 끝이다. 하루를 시작하는 아침 식사로는 부족할 것 같던 것이 언제부터인가 그거라도 먹고 가는 게 다행이라는 생각으로 바뀌었다. 여러 가지 국을 돌아가며 내놓고 좋아하는 반찬을 준비하기도 해봤지만, 시간에 쫓기니 반응이 신통치 않았다. 우유에 검은콩을 넣고 갈아 과일 몇 조각과 내놓아봤더니 두유는 먹고 과일은 또 남겼다. 그래서 몇 가지 과일에 채소를 넣어 갈아 주기 시작했다.

처음에는 사과와 토마토, 키위, 딸기에 브로콜리로 시작하여 바나나에 당근, 양배추가 추가되었다. 그때그때 빠지는 것들도 있지만 갈아놓고 보니 많이들 마신다는 해독주스가 되었다. 그래도 부족하다 싶어 하나 넣기 시작한 게 단백질과 미네랄, 오메가에 지방까지 풍부하게 들었다는 햄프씨드다. 한 숟가락만 넣어도 되니 준비하는 데 부담이 없어 좋다.

한때는 나도 빵과 우유 한 컵이면 한 끼 식사로 부족함이 없다고 여겼던 때가 있다. 하지만 지금은 허기를 잠시 달랠 수 있어도 다음 끼니까지 견디기에는 부족해졌다. 그 허한 속을 견디게 해주는 것이 밥심이라고 믿은 지 꽤 된다. 이팝꽃 같은 하얀 쌀밥을 고봉으로 담고 푸짐한 반찬까지 있으면 더할 나위 없겠지만, 몇 숟갈의 밥과 찬만으로도 다음 끼니까지 견딜 수 있기에 늘 무언가를 가방에 넣어 다닌다.

어려서 할머니와 엄마로부터 끼니는 거르지 말고 다니라는 말을 늘 듣고 자랐다. 그럴 때마다 건성으로 "네."

라고 대답했다. 그런데 지금 그 말을 내가 아이들한테 하고 있다. "끼니는 챙겨 먹고 다녀." 아이들도 대답한다. "알았어."라고. 등을 보며 던지는 말이 어디로 갈까. 아이들 대답 역시 내가 아닌 허공을 향한다. 그렇게 건성으로 대답할 것을 알면서도 꼭 한마디씩 한다.

'아침, 점심, 저녁과 같이 하루 세 번 일정한 시간에 먹는 밥'인 끼니가 낯설어졌다. 바쁜 세상에 때를 정해놓고 밥을 챙겨 먹기가 쉽지 않은 까닭이다. 밥이 아닌 것들을 많이 먹어서 정말 먹고 힘을 내야 할 밥을 너무 소홀히 하는 것은 아닐까. 방대한 정보를 받아들여도 다 기억하지 못해 까먹고, 하고 싶고 해야 하는 무언가를 찾아 마음을 먹는 일도 먹는 일이다. 요새는 고르지 못한 대기와 곳곳에 도사린 위험 때문에 겁을 먹는 일도 다반사다.

밥은 하루 한 끼로 충분하다고 주장하는 사람도 있고 아침과 점심 두 끼만으로 건강을 유지할 수 있다고 말하는 사람도 있다. 내 몸은 하루를 한 끼나 두 끼로 보내기에는 무리다. 축적해놓은 근육이나 지방이 부족하여 그때그때 채우고 소비하는 방식으로 익숙해서인지 일단은 세끼를 먹어야 한다. 물론 그 세끼는 나만의 절대적인 양일 뿐이다. 내게는 대여섯 숟갈의 밥과 몇 가지 찬만으로도 한 끼가 충분할 때도 있고 어떨 때는 영양가 있는 간식만으로도 든든함을 유지하기도 한다. 그렇다 보니 "내 배부르니 종의 밥 짓지 말라."는 속담처럼 다른 사람의 배고픔을 헤아리지 못할 때가 있다.

지난봄에 지인과 함께 집에서 가까운 산에 가게 되었다. 쉬엄쉬엄 가다 보니 제법 많은 거리를 걷게 되었다. 중간에 쉴 때마다 소비한 체력 보충을 위해 요구르트에 각종 견과류를 섞어 먹기도 하고 몇 가지 과일과 과자를 챙겨 먹기도 했다. 걸으면서 초콜릿도 녹여 먹었고 차까지 마셔서인지 배고픈 줄을 몰랐다. 산에서 내려왔을 때는 세시가 넘어 점심을 먹기에도 그렇고 저녁이라기에는 너무 일러 다음을 기약하고 헤어졌다. 그런데 동행했던 지인이 나중에 그날 배가 매우 고팠었다고 해서 무척 미안했다.

숟가락이나 젓가락, 어떤 도구를 사용하든 먹어야 산다. 숟가락 하나 달랑 들고 동네를 돌며 저녁밥 한 끼를 함께 나누는 프로그램을 가끔 본다. 얻어먹는 것이라 여겼으나 숟가락 하나 들고 찾아든 집에서 이팝나무 꽃 피듯 밥알 같은 사연들이 퐁퐁 솟는 걸 보면 나누는 것이 맞다. 작은 식탁이나 대가족이 둘러앉은 밥상에서 나오는 다양한 이야기들이 그대로 밥과 반찬이 된다. 화면만 봐도 내가 먹은 것처럼 포만감이 느껴진다.

편 가르듯 흙수저 금수저 논란도 있지만, 수저는 단단한 스테인리스가 제일이다. 그도 없이 주스로 아침을 때우고 나간 아이들이 점심에는 제대로 된 밥을 챙겨 먹었으면 좋겠다. 옛말에 '밥 한 알이 귀신 열을 쫓는다.'고 했으니.

(2017)

미루나무

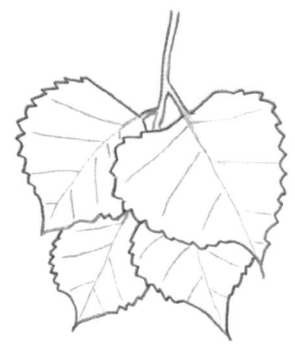

고속도로 휴게소에서 호두과자를 사려는데 판매원이 없었다. 그때 대신 계산해주겠노라며 옆 가게 점원이 다가왔다. 돈을 주고받으며 서로 얼굴을 보게 되었다. 순간 우린 둘 다 벌린 입을 다물지 못했다. 그녀는 초등학교 시절 친좁게 지내던 친구였다. 그러나 초등학교 졸업 후 두어 번의 만남을 끝으로 소원해졌다.

친구와의 만남보다 더 놀라운 건 전날 밤 꿈이다. 지난

밤 꿈에 친구는 자라목 스웨터를 입고 미루나무 아래 서서 생글생글 웃었다. 꿈이 하도 생생하여 남편에게 말했더니 '개꿈'이라는 답이 돌아왔다.

꿈이란 어떤 형태의 것이든 '소망 충족의 수단'이라 했는데 그러고 보면 마음속 깊이 그녀와의 만남을 갈구했었는지도 모른다. 다만, 늘 마음으로 그쳤던 것이 꿈으로 나타난 것이 아닐까 생각했다.

오 남매 중 셋째로 태어난 친구는 늘 저울 같았다. 위로 오빠들도 챙겨야 했고 아래로는 어린 동생들을 보살피고 할머니의 잔심부름까지 도맡곤 했다. 그 시절엔 같은 학년이어도 나이 차이가 제법 되는 친구들이 많았다. 그녀는 나보다 한 살 많은 어깨동갑이었으나 늘 큰언니 같은 친구였다. 가끔 엄한 엄마보다 그 친구의 웃음을 보며 편안함을 느낄 때도 있었다.

객지에서 고생하며 고학하던 시절, 우연히 그 친구와 연락이 되어 서울에서 만난 적이 있다. 압구정동에 있다는 아파트를 다른 친구와 함께 물어물어 찾아갔다. 우리나라에서 가장 먼저 세워졌다는 아파트라고 했다. 그때 아파트라는 집도 처음 봤지만, 엘리베이터도 처음 타 봤다.

　기숙사 생활을 하던 내게 그곳은 별천지나 다름없었다. 친구는 우리가 온다고 먹을 것을 잔뜩 준비해 두고 있었다. 그때 무얼 먹었는지 기억은 나지 않는데 돌아오는 길, 왠지 그 친구를 거기 가둬두고 오는 것만 같다는 생각이 들었다. 엘리베이터가 지상이 아닌 어두컴컴한 지하 세계로 끝없이 내려가 친구를 가둬버리지 않을까 하는 걱정을 했다. 화려했지만 답답한 아파트와 그 친구는 서로 어울리지 않아 보였다. 그래서였을까. 얼마 후, 친구는 주인의 만류를 뿌리치고 그 집을 나왔다고 했다.

　어린 시절 그 친구 집에 밤마실 가는 날은 대낮부터 마음이 설레곤 했다. 키 큰 미루나무 몇 그루가 문패 같았던 친구네 집에 가려면 몇 개의 논과 밭을 지나고 내를 건너야 했다. 이슬 내린 풀숲을 헤치며 농로 따라가는 나를 위한 듯 둥근 달은 늘 길 안내를 맡았다. 여름엔 휘영청 밝은 달이 길섶의 콩 이파리 잎맥까지 드러내 보이는 돋보기가 되어 주었다. 겨울에는 그루터기만 남은 논의 살얼음이, 달을 비추는 거울이 되었다.

작은 창으로 별을 보며 도란거리다 보면 어느새 집 앞의 키 큰 미루나무 가지에 달이 걸려 있는 게 보였다. 낮이면 아이들에게 시달리던 마당의 감나무도 저녁이면 잠을 자는 것처럼 달도, 가던 길 멈추고 미루나무 가지에 앉아 쉬는 것 같았다.

우리가 소곤거리고 깔깔대며 웃어도 친구 어머니는 코를 골며 단잠을 주무셨다. 어머니는 집안일과 농사에 어린 조카까지 챙겼는데 그 조카가 친아들이었다는 걸 한참 후에 알게 되었다. 딸 하나밖에 없는 동서를 위해 막내아들을 흔쾌히 양자로 들여보낸 것이라는데 그런 엄마의 마음을 헤아리는 자식 중의 하나가 그녀였음도 나중에야 알게 되었다.

그녀는 강산이 몇 번은 변하고 남았을 세월을 건너뛰어 만났는데도 어제 만난 듯 전혀 낯설지 않았다. 선한 눈빛과 목소리는 여전하여 검게 탄 얼굴의 기미와 잔주름을 덮고도 남았다. 내게 보이는 것은 친구의 어린 시절 모습과 변하지 않은 목소리였다.

오랫동안 거동이 불편한 시어머니 고수련에 정성을 다했고 농사일에도 억척이라던 소식들이 그녀를 더 빛나게 했는지도 모른다. 밭일 나갈 때도 휠체어에 시어머니를 태우고 나섰다고 했다. 그 말을 전해 들었을 때, 두 아이 거두는 일만으로도 힘겨워하던 내가 한없이 작아 보였다. 모자라는 것은 소리를 내지만 가득 찬 것은 소리 내지 않으며 고요하다고 했다. 내가 졸졸 흐르는 개울물이라면 친구는 소리 없이 흐르는 강물이었다.

얼마 전, 친구 엄마가 당뇨 합병증으로 결국 병원 신세를 지다 다시 집으로 돌아왔다는 소식을 들었다. 객지에 나간 큰아들, 농사일에 바쁜 둘째, 막내아들까지 누구 하나 어머니를 살뜰히 챙기지 못하는 모양이었다. 이번에도 그녀만이 수시로 병원에 드나들었다는데 그것도 모자라 친정엄마를 아예 집으로 모셨다고 했다. 그렇게 친구가 살아가는 모습을 징검다리 건너듯 친정엄마에게서 들었다.

잠깐의 만남 이후 친정 가는 길이면 그 휴게소에 들른다. 그런데 부러 튀김집 앞을 서성거려보지만 모두 낯선 얼굴뿐 친구는 보이지 않는다. 그럼 나는 또 꿈에 미루나무 아래서 생글거리던 그녀의 모습을 떠올리며 마음으로 나무 같은 친구의 안부를 묻곤 한다.

(2016)

항아리

 오늘은 매실청을 담그는 날이다.
 엊그제 따 온 열매를 아침에 씻어놓고 나갔다 오니 집 안에 매실 향이 은은하게 퍼져있다. 매실은 한 나무에서 딴 건데 16kg이나 된다. 10kg은 청을 담그고 6kg은 장아찌를 만드느라 이틀 동안 열매들과 뒹굴었다. 이제 물기 마른 매실을 항아리에 담을 차례다. 우선 지난해 청을 걸러 담아 창고에 넣어뒀던 항아리를 꺼내왔다. 매실청

색이 일 년 만에 제법 진해졌다.

  우리 집에는 항아리가 두 개 있다. 단지도 하나 있으니 세 개라고 해야겠다. 모두 결혼하며 장만한 것이니 함께 한 세월이 한 세대를 지났다. 그만큼 쓰임새도 여러 가지였다. 처음에는 김장김치 저장용으로 사용했다. 김치냉장고가 나오면서는 우산꽂이로 잠시 용도를 변경한 적도 있다. 가을에는 대봉감을 넣어두고 하나씩 꺼내 먹는 쏠쏠한 재미도 맛봤다.

  겨울에는 무를 신문에 하나씩 싸서 비닐에 넣어두면 이듬해 봄까지 싱싱해서 무 항아리로 불렸다. 그러다 몇 년 전부터는 매실이나 오미자청을 담그는 것으로 용도가 바뀌었다. 지금은 뚜껑도 어디론가 사라지고 입 벌린 항아리들만 남아있다. 그래도 몸집이 서로 다른 항아리는 늘 바쁘다.

  길을 걷다 보면 항아리를 자주 만난다. 장독대도 보이고 항아리 파는 가게도 눈에 띈다. 항아리는 도시 근교 식당 마당이나 공원에서도 볼 수 있다. 어떤 것은 깨진 항아리에 흙을 채워 꽃을 심었나 싶은데 자세히 보면 처음부터 항아리 화분으로 태어난 모양새다. 양평 세미원에서는 입 벌린 항아리가 쓰레기통이었다. '버릴 것은 제게 주세요.'라며 하마처럼 입을 벌리고 있었다. 연꽃이나, 흐드러지게 피었던 목련보다도 더 기억에 남을 만큼 인상적이었다.

이색 항아리를 본 곳은 따로 있다. 안양 병목안의 돌석도예박물관 뜰에서 본 항아리다. 항아리 주위에 핀 하얀 냉이꽃과 노란 꽃다지를 보려고 다가갔는데 안을 들여다보니 뻥 뚫려있었다. 잔디밭에 무심하게 툭툭 던져둔 것처럼 여기저기 흩어져있는 항아리들 속에 항아리 같지 않은 항아리가 있었다. 하늘이 들어가 땅과 만나는, 위아래가 뚫린 기다란 모양의 항아리는 굴뚝의 연기를 끌어올리는 연가(煙家)였다. 굴뚝 위가 아닌 땅에 서 있는 연가라니 볼수록 신기했다.

강원도 고성 왕곡마을에 가면 실제로 제 역할을 하는 연가를 볼 수 있다. 왕곡마을은 북방식 가옥을 유일하게 보존한 마을로도 알려져 있다. 그곳에 가면 초가집과 기와집 굴뚝에서 서로 다른 모양의 연가를 볼 수 있다고 한다. 왕곡마을의 얼굴 같은 연가는 혹시 불이 나더라도 이웃 초가로 번지는 것을 막기 위하여 올린 것이라 멋보다는 배려하는 마음이 더 크다. 영화 <동주>의 북간도 장면을 이 마을에서 찍었다는데 영화를 봤어도 제대로 살펴보질 못했다. 사진으로 찾아보니 집집마다 다른 모양의 항아리 굴뚝이 꼭 문패 같다.

　항아리도 문패가 있다. 내용물에 따라 이름표가 다르니 조금씩 달리 불린다. 김치, 쌀, 고추장, 된장, 간장, 술 등. 아직 간장과 된장, 술이란 문패를 달아보지 못한 우리 집 항아리가 이제 손을 놓을 모양이다. 몇 년 전부터 매실청을 담글 때마다 시나브로 새고 있다. 항아리를 닦으려고 보면 끈적거리며 축축한 것이 느껴지니 샌다기보다는 스며 나온다는 것이 맞겠다. 처음엔 숨 쉬는 것이라 여겼는데 닦는 일이 번거로워지는 걸 보니 미세한 균열이 제법 난 모양이다. 하긴 삼십여 년 동안 빈 독으로 지낸 일이 없으니 몸살 날 만도 하다.

　다행히 조금 작은 항아리는 아직 짱짱하다. 크기도 나처럼 작고 내가 번쩍 들 만한 무게라서 마음이 가는 항아리다. 항아리는 설탕에 버무려둔 오미자를 품고 있다. 그런데 오미자에서 청을 거를 날짜를 한참이나 지나버린 걸 보면 마음이 간다는 건 빈말 같다. 이사하며 거를 때를 놓치고 바빠 지내다 잊었다는 건 변명이다.

오늘은 항아리를 본 김에 작은 항아리도 꺼내왔다. 천과 비닐로 꽁꽁 싸매두었던 뚜껑을 여니 오미자청이 항아리까지 물들일 기세로 붉다. 청을 거르니 고운 색을 내어 놓은 쪼글쪼글한 오미자 건더기만 남았다. 오미자는 버리지 않고 다시 항아리에 담았다. 오미자식초를 담아볼 생각이다. 내친김에 양조식초를 사다가 자작하게 붓고 비닐과 면포를 덮은 후 큼지막하게 이름과 날짜까지 적었다. 이번에는 게으름을 피우지 말아야겠다는 다짐이다. 항아리는 '오미자청'에서 '오미자식초'로 이름표를 갈아붙였다.

매실과 설탕을 켜켜이 담은 큰 항아리에는 '매실청'에 담근 날짜까지 적은 이름표를 새로 붙여줬다. 올해도 조금씩 스며 나오겠지만, 아직 새 항아리로 바꾸기에는 아까워 한 해 더 사용할 생각이다. 항아리 두 개를 나란히 놓고 깨끗하게 닦았더니 오래된 것 같지 않게 반들반들하다.

이제 '매실청'과 '오미자식초'로 이름표를 갈아붙인 항아리 두 개가 다시 발효를 위한 깊은 잠에 들었다. 두 항아리의 백일 후가 기대된다.

(2019)

버즘나무

    가로수의 우듬지가 하룻밤 사이에 사라졌다. 나무들은 푸른 막대 아이스크림이 되었다가 바람을 만드는 부채로도 변했다. 고개를 들고 올려다보는 아이들에겐 사열 받는 군인으로 변하기도 했다. 잘린 나뭇가지에는 몇 개의 열매가 매달려있을 뿐이다.
    나무 아래를 보니 지난가을에 떨어졌을 여문 열매 하나가 눈에 띄었다. 미처 씨를 날리지 못한 모양이었다. 조

심스럽게 집어 들어 만져보니 생각보다 단단했다. 벤치 모서리에 대고 톡톡, 몇 번을 두드리자 기다렸다는 듯 분수처럼 씨앗들이 터져 나왔다. 하지만 바람을 타지 못한 씨앗들은 땅바닥에 힘없이 떨어져 내렸다. 발밑이 순식간에 송화처럼 노란 가루로 뒤덮였다. 그 틈에 뾰족한 모양의 씨앗 몇 개가 발등에 올라탔다.

내게 버즘나무 열매는 과거로 가는 타임머신이다. 세상이 거꾸로 가는 것만 같았던 그 날은 한낮도 저녁 같았다. 병원 밖의 버즘나무 푸른 잎이 가로등 불빛을 받아 노랗게 물들었다. 병자보다 더 핏기없던 보호자의 얼굴빛이었다. 하현달 같은 가로등은 유난히 밝았고 사람 얼굴만 한 버즘나무 잎들은 비에 젖은 채 땅바닥에 뒹굴었다. 나뭇가지에는 파란 방울이 매달려 흔들렸다. 바늘도 비집고 들어갈 틈이 없을 정도로 단단한 열매는 바닥에 떨어지기에는 너무 일러 보였다.

그 밤 병실에 누워있던 환자도 인생의 맛을 알 만큼 무르익은 나이는 아니었다. 그렇다고 세상 물정 모를 만큼은 아닌 나이 딱, 바닥에 떨어진 버즘나무 열매만 했다.

한창 왕성하게 활동했던 두 아이의 아빠가 병원 신세를 지게 된 것에 모두가 놀랐다. 더구나 지방병원에서 초기에 병명을 잡지 못한 연유로 병이 깊어져서야 큰 병원으로 옮겨진 것에 더 마음을 졸였다. 그러나 다행히 백혈병 중에서도 m3 유형은 로또나 다름없다는 주변 환우들의 위로에 가족들은 안도했다. 어떤 분은 그 유명한 호세 카레라스도 급성 백혈병 선고를 받았으나 완치판정을 받았다며 희망에 덤을 얹어주었다.

복도에서 만난 비슷한 병명으로 치료 중인 사람들의 말은 지친 간병인에게 힘이 되어 돌아왔다. 그 덕에 이틀 밤을 새웠다는 부모의 얼굴이 활짝 피기도 했다. 다음 날, 필요한 것들을 챙겨 들고 찾아가니 환자는 링거를 꽂았으나 곧 자리를 털고 일어날 것처럼 가벼워 보였다. 급성 백혈병, 그거 아무것도 아니구나 싶었다.

하지만 채 하루도 지나지 않아 중환자실로 들어갔다는 연락이 왔다. 모두 어제만 해도 멀쩡하던 사람이었다며 믿을 수 없어 했다. 그렇기에 곧 일반실로 내려올 것이라 믿었다. 하지만, 백혈구는 위험 수치를 넘어섰고 계속되는 수혈에도 불구하고 몸 안 어디에선가는 출혈이 계속되고 있다고 했다. 다급하게 A형 혈액을 수소문해서 혈소판 헌혈을 부탁하여 모자란 피를 비축하기에 이르렀다.

　다음 날은 이미 폐의 90% 이상이 하얗게 변해버려 손 쓸 도리가 없다는 주치의의 말에 멀리 있는 친지까지 병원으로 달려왔다. 촌각을 다툰다는 연락을 받고 우리 부부가 찾아갔을 땐 이미 초상집이나 다름없었다. 아내는 계단 벽에 젖은 낙엽처럼 붙어있었고, 엄마는 복도 바닥에서 동공 풀린 눈으로 중환자실만 바라보고 있었다. 그렇게 하룻밤을 뜬 눈으로 보내고 나자 조금 호전되었다는 결과가 나왔다. 또다시 각자의 일상으로 돌아갔다. 이후로도 몇 번이나 위독과 호전 사이를 오락가락했다.

　실낱같은 희망에 매달리며 아내가 긴 병간호를 위해 짐을 챙기러 간 사이 급보가 도착했다. 딱 한 달, 숨 막히는 투병 생활에 종지부를 찍었다는 소식이었다. 이미 놓아버린 끈이 아니길 바랐다. 아슬아슬한 줄타기였지만 좀 더 버텨주길 기대했다. 절벽 끝에 매달려있더라도 기적이 있다는 것을 믿었다. 그러나 그 기적이 때로는 없는 것만도 못하다는 것을 깨달았을 때의 허망함이란 무엇으로도 위로가 되지 않았다.

참척의 고통을 끌어안은 엄마는 그날부터 주저앉았다. 뾰족한 바늘을 쉼 없이 가슴에 꽂으며 병들기 시작했다. 때로는 돌로 가슴을 쳤고 가끔은 산발한 채 도로를 헤매고 한 자리 앉아 해동갑으로 하루를 보내기도 했다. 지금도 눈과 귀를 닫은 채로 그날에 갇혀 십 년을 백 년처럼 지내고 있다.

한 다리 건너인 내게도 그날 일은 어제 같다. 그런데 유독 버즘나무를 볼 때면 꺼지지 않은 잔불이 바람을 만난 듯 일렁이곤 한다. 별일 없었다면 그날 밤, 병원 마당에 비에 젖은 채 떨어져 있던 버즘나무 푸른 열매의 모습을 이렇게 오래 기억하진 않았을 것이다.

발등에 올라앉은 씨앗 몇 개, 조심스럽게 흙이 있는 곳으로 털어 넣는다. 바늘 같은 씨와 전봇대 같은 나무를 번갈아 바라본다. 우듬지가 잘린 버즘나무는 이제 넓은 잎으로 그늘을 만들던 거목의 모습이 아니다. 하지만, 잎도 열매도 없고 너른 품도 내놓은 텅 빈 가지에 자꾸만 떠난 사람의 안부를 얹게 된다.

(2019)

세 할머니

외출에서 돌아오니 현관문 손잡이에 종이봉투가 매달려 있다. '앞집'이라는 쪽지가 붙어있는 봉지 안에 참외 몇 개가 얌전히 담겨있다.

앞집 할머니와는 가끔 쪽지로 소통한다. 앞집 초인종 위에 아기가 있으니 벨을 누르지 말라는 메모가 붙어있어서다. 메모를 보고 엘리베이터에서 내리거나 문을 여닫을 때 발소리를 내지 않으려고 조심한다. 할머니 혼자 사신다는 걸 알고 난 후에도 습관이 되어 드릴 게 있어도 벨을 누르기보다는 메모를 손잡이에 걸어놓곤 했는데 할머니도 똑같이 그러신다.

우리 집엔 덩치는 작지만, 목청은 쇳소리를 능가하는 강아지가 있다. 짖을 때마다 조용한 앞집이 신경 쓰여 엘리베이터에서 만난 할머니께 죄송하다고 했더니 강아지 짖는 소리를 들으면 사람 사는 것 같아 괜찮다며 웃으셨다. 그러면서 외출하거나 집에 돌아올 때 강아지가 짖으면 "괜찮아, 할머니야."라고 했더니 조용해지더라며 기특해하기도 했다. 늘 괜찮지는 않을 텐데, 그렇게 이야기를 해주니 더 조심하게 된다. 앞집 할머니를 볼 때마다, 십수 년 전 바로 옆집에 살았던 할머니가 생각난다.

이사해서 며칠 되지 않았을 때다. 한밤중에 구급차 소리가 요란하더니 옆집에서 다급하게 할머니를 부르는 소리가 들렸다. 식구들의 까무러칠 듯한 목소리로 보아 위급한 상황인 것 같았다. 요란한 발걸음 소리가 복도를 울리고 다시 고요가 찾아온 아침, 다행히 옆집은 아무 일

없었던 듯 조용했다. 그런데 언제부터인가 날카로운 할머니의 목소리가 복도를 울리기 시작했다.

집 안에서 큰 소리가 나게 되면 창문부터 닫는 나와 달리 현관문까지 활짝 열어둔 채 아이들한테 해서는 안 될 소리를 뱉어내는 할머니가 이해가 안 됐다. 그런데 그게 할머니만의 사랑법이었는지, 그 댁 아이들은 기가 죽지도 않았고 욕쟁이 할머니를 무서워하는 것 같지도 않았다. 명랑해서 다행이긴 했으나, 그래도 계속되는 할머니의 막말만은 듣기 민망했다.

어느 날 그 할머니가 우리 집에 찾아왔다. 당신 집에 물이 샌다며 불쑥 집 안으로 들어왔다. 아무래도 이 집 같으니 살펴봐야겠다는 말에 위층을 먼저 확인해보시라고 했더니 들은 척도 안 하고 안방이며 베란다, 화장실 바닥까지 샅샅이 살펴보고서야 돌아갔다.

1층에다가 엘리베이터 앞이라는 불편한 위치였어도 그 집을 계약한 이유 중 하나는 베란다 쪽으로 난 쪽문 덕분이었다. 또 쪽문을 밀고 나가면 잔디도 있고 꽃을 심을 수 있는 손바닥만 한 맨땅도 있었다. 그런데 이사하고 나서 보니 그 땅에 고추와 가지 등속이 심겨있었다. 며칠 뒤 새벽, 호미질 소리에 잠이 깼는데 나중에 보니 바로 옆집 할머니였다.

이웃집 안방 바로 앞까지 당신의 터앞으로 만든 할머니를 이해하자고 마음을 비운 건 우습게도 초롱꽃 한 두둑과 백발이었다. 처음엔 초롱꽃 싹을 보며 나물로 심었나 싶었으나 종 같은 꽃을 매단 걸 보면서 할머니도 영 당신만 아는 분은 아니라는 생각을 했다. 또 호미질하느라 쪼그려 앉아 머리만 보였는데, 검은 머리 한 올 없는 백발을 보니 오래전 만났던 한 할머니 같다는 생각이 자꾸 들었다.

아이들이 초등학교 다닐 때의 일이다. 함께 간병인 교육을 받았던 호호백발의 어르신이 있었는데, 젊은 친구들보다 솔선수범하며 열심이셨다. 그때 늘어가는 흰머리가 걱정이었던 나는 그분을 보며 나이 들면 그런 백발을 해야겠다고 마음먹었다. 교육을 마치고 파견을 나가기 전에 일정의 봉사 시간을 채워야 하는데 순번제로 정했다. 그런데 가끔 행려병자나 중환자를 돌보는 일이 생길 때가 있었다. 수강생 대부분은 피하거나 꺼렸지만, 할머니는 개의치 않고 앞장섰다.

어느 날 일을 마치고 푸른색 재킷을 걸치며 흰머리를 귀 뒤로 넘기는 할머니가 멋져 보여 연세를 물어봤다. 할머니는 이제 막 예순 고개를 넘겼다며 수줍게 웃었다. 얼굴빛이 저녁 하늘을 곱게 물들이는 노을 같았다. 그 모습을 보면서 '나도 저렇게 나이 들어가면 좋겠다.'고 생각했다. 그때 백발의 할머니, 지금은 망구를 바라보겠다.

이제 나도 할머니가 되었다. 곧 누군가의 할머니가 아닌, 누구나가 부르는 할머니가 될 때도 머지않았다고 생각하니 정신이 번쩍 든다. 오래전 백발의 할머니까지는 아니어도 괜찮은 할머니가 되려면, 나이를 먹되 나이를 잊는 일부터 해야겠다. 그리고 세 할머니의 모습을 더하거나 빼서 나다운 할머니가 되어야겠다.

(2020)

미국자리공

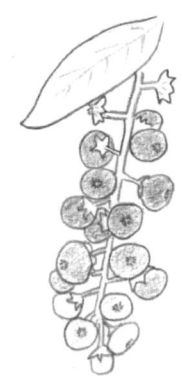

 낯익은 식물이 작은 식당의 낮은 울타리를 에워싸고 있다. 가던 걸음을 멈추게 한 미국자리공이 예쁘다는 생각은 들지 않았지만 그렇다고 뽑아버려야 한다는 생각도 들지 않았다. 바라보는 위치를 바꾸고 낯설지 않기까지 참 많은 시간이 필요했다는 생각에 반가운 마음마저 든다. 이름부터 범상치 않은 미국자리공은 개망초나 돼지풀처럼 귀화식물의 한 종류이다.

십수 년 전 단단한 근육 같은 줄기에 무겁도록 매달린 붉은 열매들을 보고는 기겁했던 기억이 난다. 처음엔 희귀식물 중 하나인 줄로만 알았다. 귀화식물 중 하나라는 사실은 생태계 조사를 하며 알게 되었다. 그로부터 한동안 내게 미국자리공은 토종식물과 달리 우리 땅에서 없애야 할 식물 중 하나로 각인되었다. 토양을 산성화시킨다는 설명이 뇌리에 박혀서다. 산길을 걷다가도 미국자리공을 만나면 슬그머니 다가가 쑥쑥 뽑아버렸다.

생태 조사를 나갔다가 점심을 먹게 된 식당 앞마당에서 미국자리공을 만난 적이 있다. 꽃과 열매가 예뻐서 심어 놓았다는 주인에게 일행은 입을 모아 뽑아 없애야 할 식물이라며 미국자리공의 해로움에 대해 나열했다.

지금은 사라진 할아버지와 아버지 산소에도 미국자리공이 기승을 부린 적이 있다. 붉은 줄기를 숨김없이 드러내고 기세 좋게 자라는 데다 자리까지 넓게 차지하니 그것만으로도 보기 불편했다. 낫으로 쳐내다 보면 열매에서 붉은 물이 흘러나왔는데, 아이들은 포도 같다고 했고 나는 피 같다는 생각이 들었다.

사실, 미국자리공은 토양을 산성화시키는 식물이 아니다. 산성화된 토양에서 잘 자랄 뿐이다. 지난해 미국자리공에 대해 다시 알게 된 사실이 하나 더 있다. 함께 산책하던 지인이 열매가 자줏빛으로 익어가기 시작한 미국자리공을 보고 반가워했다. 내가 미국자리공에 얽힌 긴 사연을 풀었더니 그녀는 뜻밖에 추억의 음식으로 받아 썼다. 그녀의 고향에서는 미국자리공의 어린순을 나물로 먹는데 장록 나물이라고 했다. 그러고 보니 집 근처 동산을 산책할 때 어린순이 잘려 나간 미국자리공을 본 것이 생각났다. 누군가도 그 나물 맛을 알아서였을 것이다.

알게 되면 모르는 게 많아지고 모르면 아는 게 많아진다. 몰라서 아는 게 많았던 자리공의 모습. 미국자리공의 자줏빛 줄기는 독성이 있지만, 껍질을 벗겨내고 데쳐서 식용도 할 수 있다. 어린잎은 식용도 가능하다. 다 익은 열매는 붉은빛 염료로 사용한다. 충청도에서는 미국자리공보다는 장록이라는 이름으로 친숙하게 불린다. 내가 다시 알게 된 미국자리공의 또 다른 설명이다.

이제 미국자리공을 만나면 뽑아버려야 한다는 생각보다

는 저들이 자라기에 토양이 맞는 모양이라는 생각을 한다. 어느새 해님 모양의 꽃을 피우고 포도알처럼 붉게 익어가는 모습까지 그려보기도 한다.

(2020)

모나크나비

집 앞에 큰 논배미가 몇 개 있다. 주변은 온통 아파트 일색이라 논은 작은 섬 같다. 봄이 오자 써레질을 막 끝낸 논의 물에 연둣빛 빗금이 일렁이기 시작했다. 연두색이었던 모는 색이 점점 짙어지더니 무논을 짙은 녹색으로 뒤덮었다. 순식간이었다. 그리고 귀를 기울여야 들리던 개구리 울음소리가 우렁차졌다.

첫 모기를 발견한 것도 그즈음이다. 엘리베이터를 타고

오르던 모기는 9층에서 생을 마감했다. 유난히 모기를 타기에 다음날 모기가 싫어하는 식물을 사러 화원에 갔다. 아저씨가 권하는 대로 구문초와 밴쿠버 제라늄을 사서 차에 싣고 집으로 오는데 차 안에 두 개의 화분에서 나온 향이 가득 찼다.

볕과 바람을 좋아한다는 제라늄을 공기 순환이 잘 되는 좋은 자리로 모셔두고 그 곁에 친구가 보내준 작은 산호수 화분을 두었다. 그리고 한동안 잊고 지내다가 산호수에 꽃이 핀 걸 보았다. 정말 자세히 보아야 알 만큼 작은 별 같은 꽃은 가만히 보고 있으면 예쁘기가 꽃마리 못지않았다. 꽃을 살짝 스친 옷자락에는 꽃가루까지 묻어있었다. 그게 신기해서 손에 꽃가루를 묻혀 꽃마다 섞어주었더니 몇 개의 열매를 맺었다.

그즈음 5,000km를 날아 따뜻한 나무숲을 찾아가는 모나크나비를 봤다. 1만 년 전부터 계속해왔다는 나비의 이동 모습은 교회 천장의 스테인드글라스 같았다. 다시 보면 고운 단풍이 되어 하늘로 날아올랐다. 주황색 꽃무늬 블라우스 같은 황금색 나비 떼가 한 나무숲을 뒤덮었다.

모나크나비가 좋아하는 식물은 박주가릿과의 여러해살이풀이다. 그중에서도 유액을 분비하는 밀크위드 종류를 제일 좋아하는데 신기하게 이 식물에서 나오는 화학성분이 애벌레의 몸에 생긴 기생충을 억제하는 데 효과가 있다고 한다. 기생충에 감염된 암컷 나비는 밀크위드 중에서도 가장 독성이 강한 식물에 알을 낳는다는 연구 결과도 있다.

　'다 살게 마련'이라는 말은 식물의 세계에서도 통했다. 모나크나비가 밀크위드에 알을 낳으면 알에서 태어난 애벌레는 잎을 갉아 먹고 자란다. 하지만, 식물도 나름의 생존방식이 존재했다. 애벌레가 갉아먹은 잎에서 나오는 유액은 끈끈이처럼 애벌레를 옴짝달싹 못 하게 가두고 결국은 그물에 말려 죽게 했다.

　그러나 애벌레가 유액의 위험에서 벗어난다면 더 강하고 단단하게 자란다고 한다. 또 유액이 나오지 않는 부분만을 골라 갉아먹고 살아남은 애벌레는 모나크나비가 된다. 나비는 이 식물의 꽃에서 꿀을 먹고 꽃가루를 이동해 주는 통로가 되는 것으로 보답한다. 서로 공생하되 전멸

하지 않는 방법을 택할 줄 아는 곤충과 식물의 한살이가 마치 한 편의 영화 같다. 그러나 멀리서 잡아낸 숲의 모습은 한 폭의 그림 같지만, 나무와 나비의 삶을 가까이서 들여다보면 치열했다.

연어가 자신이 태어난 강으로 거슬러 올라가 알을 낳는 것처럼 모나크나비들은 겨울이 되면 북미를 떠나 멕시코로 날아와 알을 낳는다. 나비 떼의 이동 기간은 무려 4세대를 거친다. 이 모나크나비의 기주식물이 되는 것을 주저하지 않는 밀크위드 종인 아스클레피아스는 모나크나비를 포함한 열 종류 이상의 나비들을 불러 모으는 독특한 나무라고 한다.

나비의 애벌레가 나무줄기에 있는 유액의 덫만 피하면 더 많은 모나크나비로 태어날 테지만 나비에는 유액의 덫보다 더 무서운 것이 있다. 바로 기후변화나 질병, 오염물질에 노출되는 것이다. 그로 인해 지구상에서 가장 멀리 이동한다는 모나크나비의 수는 80% 이상 줄었다고 한다.

사라지고 줄어드는 것은 모나크나비만이 아니다. 우선

우리 집 앞의 논과 밭, 원예 비닐하우스도 조만간 사라질 모양이다. 개구리 울음소리며 시시각각 변하는 주말농장의 모습과 벼가 자라던 땅엔 아파트와 상가가 들어선다고 한다. 공원이길 바랐던 주민들의 희망 날개는 허망하게 꺾였고 개구리가 살던 무논은 콘크리트에 묻히게 되었다. 도시공원 일몰제가 발효되면 또 얼마나 많은 숲과 나무가 사라질까. 숲을 황금색으로 물들인 모나크나비가 사라질 모습도 그렇지만, 당장은 집 주변의 푸른 들이 사라진다니 생각이 많아진다.

(2020)

김기화 수필집

눈부신 당신의 시간을 헤아리며

2021년 10월 4일 초판 1쇄 발행

지은이 김기화 | 펴낸이 김은영 | 펴낸곳 북 나비
출판신고 2007년 11월 19일 제380-2007-00056호
주소 04992 서울시 광진구 자양로9길 32 4층(자양동)
전화 (02)903-7404, 팩스 02-6280-7442
booknavi@hanmail.net
www.booknavi.co.kr

ⓒ 김기화 2021
ISBN 979-11-6011-075-3 03810

※ 이 책의 저작권은 저자에게 있으며 출판권은 북나비에 있습니다.
※ 이 책의 전부 또는 일부를 이용하시려면 저작권자와 북나비의 동의를
   받아야 합니다.
※ 책값은 뒤표지에 있습니다. 잘못된 책은 바꾸어 드립니다.